MIGUEL ÁNGEL ARAGONES

MIGUEL ÁNGEL ARAGONÉS

RIZZOLI
NEW YORK
New York Paris London Milan

El secreto de la vida está en el arte.
The secret of life is in art.

O. Wilde

A mi padre, por descifrarme
múltiples enigmas sobre la luz.
Por su generoso reconocimiento,
la mayor de las herencias.
Por su despedida en paz.

To my father, for deciphering
many enigmas for me about light,
and for his generous recognition,
his greatest legacy.
For his peaceful farewell.

A mi madre,
por su ejemplo y paciencia.

To my mother,
for the example she set
and her patience.

A Ana, mi esposa,
por casi un cuarto de siglo a mi lado.
Por afrontar más de una promesa
y sus consecuencias. Por su apoyo y por creer que lo que
hacemos tiene sentido y valor.

To Ana, my wife,
for nearly a quarter century at my side.
For confronting more than a promise and its consequences.
For her support and for believing
that what we do has meaning and value.

A mis hijos, María Fernanda y Rafael.

To my children, María Fernanda and Rafael.

Concepto § Concept
Miguel Ángel Aragonés
Coordinación editorial § Editorial Coordination
Frontespizio
Edición y cuidado de textos en español § Spanish Edition
Rosanela Álvarez
Traducción y cuidado de textos en inglés § English translation and Edition
Tanya Huntington
Fotografía § Photography
Miguel Ángel Aragonés
Joe Fletcher
Víctor Benítez
Niccola Lorusso
Diseño gráfico editorial § Graphic Editorial Design
Ricardo Salas & Frontespizio

First published in the United States of America in 2013 by
Rizzoli International Publications, Inc.
300 Park Avenue South, New York, NY 10010
www.rizzoliusa.com

Publishing Consultant: Ausbert De Arce

Rizzoli Editor: Ellen Nidy

2013 2014 2015 2016 2017 10 9 8 7 6 5 4 3 2 1

ISBN-13: 978-0-8478-3987-2

Library of Congress Control Number: 2012947214

Printed and bound in China

Distributed to the U.S. trade by Random House

ÍNDICE

CONTENTS

PREFACIO
¿QUIÉN ES ARAGONÉS?

FOREWORD
WHO IS ARAGONÉS?

MICHAEL SORKIN

He aquí la idea para la investigación. Mi esposa y yo estamos buscando un hotel, un lugar en la playa; preferimos una escena de austeridad suntuosa, rodeados de excelente arquitectura, en un ambiente perfectamente completo, protegido, con comida que brinde una sensación de expansión. En suma, queremos un escape. Consultamos la web, y encontramos El Encanto. Las reseñas eran muy buenas. Los visitantes subrayaban la elegancia del diseño, halagaban los matices del blanco y de los colores hueso que sutilmente modulaban los espacios bañados por el sol, e incluso se deleitaban con la textura de las fachadas que por las noches se bañan en color gracias a una luz LED. Las fotos en la página web confirmaban todo esto, y una y otra vez demostraban que la arquitectura era de una calidad extraordinaria, precisa tanto en su composición como en el detalle. La generosidad del espacio, la brisa, y el abrazo de las dramáticas vistas sobre la bahía azul, cerraron el trato.

¡Un viaje a México! Hace mucho que nos sentimos enamorados de la modernidad de ese país, y este hotel parecía ser una encarnación particularmente sutil de una tradición que había comenzado con la vehemente difusión de la cultura Bauhaus, que entonces fue rápidamente transformada por una sensualidad, materialidad e informalidad precisa, que tenían como eje central y como Dios a Luis Barragán. Barragán captó la calidad prismática del modernismo de entreguerras, mientras que simultáneamente rememoraba sus raíces en sus gruesos muros y en la complejidad combinatoria del Mediterráneo, convirtiéndola súbitamente en algo vívido y misterioso. Éste fue un proyecto al cual se le unieron otros arquitectos de su generación, como el incomparable Juan O'Gorman, que

Here's the conceit for the investigation. My wife and I are looking for a hotel, a place by the beach, preferring scenes of sumptuous austerity, a surrounding of excellent architecture, a seamlessly complete environment, protection in milieu, good food, a sense of expanse—a getaway. We consulted the web, found the Encanto. The reviews were very good, and guests remarked on the elegance of the design, marveled at the shades of white and off- that subtly modulated the sun-washed spaces, even reveled in the wash of the façades with a bath of LED color at night. The photos online confirmed all of this and again and again that the architecture was of extraordinary quality, precise in both composition and detail. The spatial generosity, the breeze, and the embrace of sweeping views over the blue bay cemented the deal.

A trip to Mexico! We've long been in love with the country's modernity, and this hotel seemed an especially subtle incarnation of a tradition that had begun with the enthusiastic diffusion of Bauhaus culture, which was then rapidly transformed by a sensuality, materiality, and precise informality for which Luis Barragán was the pivot and god. Barragán seized the prismatic quality of interwar modernism—while fully remembering its roots in the thick walls and combinatory complexity of the Mediterranean—and made it at once vivid and mysterious, a project in which he was joined by architects of his generation—like the peerless Juan O'Gorman—who carried the collusion of simple forms and convulsively applied ornament to great heights and revelatory strangeness.

This is a conversation that still abides in Mexican architecture, in

llevó a cabo la colusión de formas simples y, de manera convulsiva, aplicó adornos a grandes alturas y extrañezas reveladoras.

Ésta es una conversación que aún rige en la arquitectura mexicana, en su circulación entre la extravagancia y la simplicidad, en sus estrategias para evocar la memoria de su exuberante y asombrosa antigüedad, con su revolución subyacente, en su tenso acto de equilibrio político entre la pobreza y el exceso desmedido. Ricardo Legorreta fue un puente, y transformó en emblema el despliegue pos-Barragán de estas cualidades: su trabajo encarnó el espíritu de la facilidad de lujo, pero a través de operaciones de escala mucho mayor y de un incremento del foco sobre la masa. Sus vívidas colaboraciones a veces pueden bordear lo kitsch, y las formas de sus construcciones agudizan ante una memoria precolombina. Sin embargo, el trabajo era directamente tectónico y siempre tenía aplomo. Ésta era además una arquitectura genuinamente accesible, a menudo desafiante, pero nunca difícil.

¿Y qué con Aragonés? Antes de que me pidieran que escribiera algo sobre él, yo jamás había oído su nombre. Ante todo, me lo imaginé como una especie de fantasma borgiano. Al recurrir a la web, me cautivó de inmediato. Me sentí intrigado y perplejo. Su página web permanece frustrantemente en construcción, y brinda pocas pistas. El sitio de su fotógrafo, que encontré en las profundidades de Google, resultó ser más útil. Ofrece imágenes maravillosas tanto del hotel como de una serie de casas, y en todos se puede observar una exquisita variación de una sensibilidad que parece ser de una madurez total. Encontré una foto del hotel, balan-

its circulation between extravagance and simplicity, in its strategies for evoking the memory of its lush, astonishing antiquity and its undercurrent of revolution, in its tense political balancing act between poverty and wild excess. Ricardo Legorreta was a bridge and emblematized the post-Barragán deployment of these qualities: his work embodied the spirit of luxurious ease but through operations on a much larger scale and an increased focus on mass. His vivid colorations may sometimes skirt kitsch, and the shapes of his buildings strain at pre-Columbian recall, but the work was directly tectonic and always assured. This was also a genuinely accessible architecture, often daring but never difficult.

What about Aragonés? When asked to write something about him, I'd never heard his name, imagining him first a kind of Borgesian phantasm. Reverting to the web, I was immediately drawn in, intrigued, and perplexed. His homepage is frustratingly under construction and yields few clues. His photographer's site, blundered upon deeper in Google, proved more helpful and offers superb views both of the hotel and of a series of houses, all of which reveal exquisite variations of a sensibility that seems completely mature. I found a shot of the hotel, perched on a lush peak, in which Aragonés's deft play with the orthogonal comes alive. The entrance is composed of a lamination of planes, askew, and the façade of the opaque landward face of the building is ornamented with irregular frames to punctuate an otherwise excessive expanse. The rhythmic discipline of the eccentric moves is remarkable.

Three houses—Eucaliptos, La Palma, Tecas 43—all depicted in rigorously depopulated images of

ceándose en una cima lozana, en la que el hábil juego que Aragonés desempeña con lo ortogonal, cobra vida. La entrada está compuesta de planos laminados y torcidos, y la fachada de la opaca cara hacia tierra del edificio, está decorada con marcos irregulares a modo de interrupción sobre un plano que de otra manera sería excesivamente extenso. La disciplina rítmica de los movimientos excéntricos es notable.

Las tres casas, Eucaliptos, La Palma y Tecas 43, todas representadas a través de imágenes de la vida fotográfica rigurosamente despobladas, sobresalen de modos similares y peculiares. Aragonés usa una lisura casi inmaterial y superficies uniformemente blancas, que son a su vez precisas en sus relaciones y borrosas en su intersección, creando una meteorología del espacio colmado de flujos y reflujos. Dentro de este campo de continuidad numinosa, Aragonés inserta, de manera dramática, momentos de intensa materialidad: un división de madera casi dolorosamente lujosa, una superficie de mármol pulido, una forma repentina; una curva sinuosa y protuberante, un techo que se arquea con gracia; o bien algún simple acontecimiento surrealista: una apertura en forma de ojo, una esfera de piedra, una línea de luces forzando un misterioso punto de fuga. Una arquitectura repleta de magia.

Y Aragonés siempre usa la luz eléctrica como sistema de decoración transformativa. Bañados en una secuencia brillantemente calibrada de tonos suaves pero vívidos, los edificios se convierten en espectáculos de luz, no en el sentido Fillmore de ensoñación ácida, sino como una prolongación de la tradición policromática de sus predecesores en la que es capaz de retener simultáneamente una visión de la 'pureza' del objeto arquitectónico blanco en su totalidad, logrando innumerables variaciones de la obscuridad, mientras que en el día el pasaje del sol y de las nubes reconfigura estas expansiones receptoras, de manera diminuta y continua. En vez de saturar literal-

photographic life, are remarkable in both similar and singular ways. Aragonés uses nearly immaterial planarity and uniformly white surfaces at once precise in their relations and blurred in their intersection to create a meteorology of space filled with flows and eddies. Within this field of numinous continuity, he dramatically inserts moments of intense materiality—a partition of almost painfully luxurious wood, a surface of polished marble; of sudden shape—a bulging sinuous curve, a gracefully arcing roof; or some simple surrealistic event—an aperture shaped like an eye, a stone sphere, a line of lights forcing a mysterious vanishing point. An architecture full of magic.

And always Aragonés uses electric light as a system of transformative ornament. Bathed in a brilliantly calibrated sequence of soft yet vivid tones, the buildings become light shows, not in the Fillmore sense of acid reveries, but as a branching from the polychrome tradition of his predecessors in which he is able to simultaneously retain a vision of the "purity" of the all-white architectural object and—at will—plunge it into a lush field of color that can change in an instant, pulling innumerable variations from the dark, just as the passage of sun and clouds reconfigures these receiving expanses minutely and continuously by day. Rather than literally saturating his walls with color, he produces it as an effect and without the slightest vulgarity.

While the work is strikingly his own, the dreams of many architects are embodied and transformed in the work of Aragonés. We see flashes of Venturi's longing for an electric

mente sus muros con colores, produce el color como un efecto, carente de vulgaridad.

Aunque su obra sea notablemente suya, los sueños de muchos arquitectos se encarnan y se transforman en los trabajos de Aragonés. Vemos flashes del anhelo de Venturi por una iconografía eléctrica, el logro de la creación de esta iconografía de la mano de Flavin y de Turrell, los planos y pianos de Meier, la artesanía angular de Scarpa, la composición anudada de Abraham, la materialidad de Mies, las inquietudes blancas en la naturaleza pensadas por Neutra; y en su totalidad, vemos ese sueño en el que se ha fundido tanto de las grandes investigaciones de la arquitectura, y que se ha ido desplegando durante lo que hoy ya es casi un siglo: el espacio como libertad, la idea de una sensación ininterrumpida de movimiento y presencia, el construir sin barreras.

El hecho que haya descubierto la posición real de tan solo uno de estos proyectos, que no tenga idea de quién es Aragonés, que haya sido capaz de desenterrar un mínima porción de historia en cuanto a su trabajo o a su formación a partir de una colección de imágenes meticulosamente manipulada, huroneada del archivo digital, es por un lado sumamente frustrante, irrelevante y central al suntuoso aura de misterio de este hombre. Algo se ha descubierto y, aparentemente de la nada, mi sentido de posibles arquitecturas se ha expandido en gran medida. Ahora hay un nuevo territorio por explorar. Escribiré a casa diciendo que El Encanto ofrece un excelente paquete y cuenta con un chef de alto prestigio.

iconography, Flavin's and Turrell's achievement of it, Meier's planes and pianos, Scarpa's angular craft, Abraham's notched composition, Mies's materiality, Neutra's white wonders in nature, and everywhere that dream that has united so much of architecture's great investigation and has been unfolding for what is now almost a century: space as freedom, the idea of an uninterrupted sensation of motion and presence, building without barriers.

That I have uncovered the actual location of only one of these projects, have no sense of who Aragonés is, have managed to excavate almost no history of his work or formation outside of a carefully manipulated collection of images ferreted from the digital archive is at once frustrating, beside the point, and central to the man's rich aura of mystery. A discovery has been made and—seemingly out of nowhere—my sense of possible architectures greatly enlarged. A new territory must now be explored. I will report home that the Encanto has an excellent package deal and a well-regarded chef.

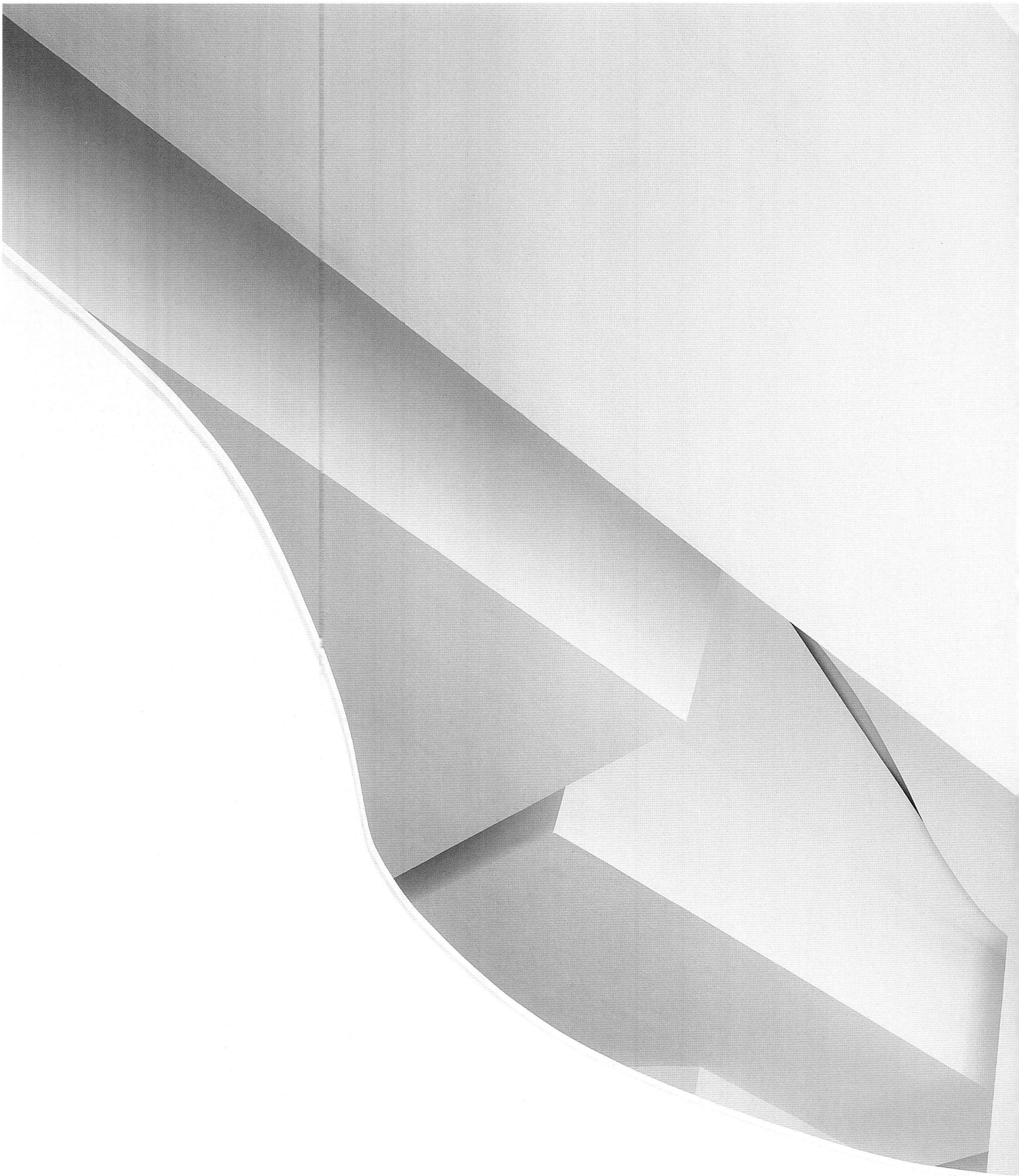

APROXIMACIONES

APPROXIMATIONS

Miguel Ángel Aragonés

Intento escribir esta presentación por una sola razón: sólo a mí me consta lo que hago. Quisiera ser breve y transmitir algunas ideas, sin la intervención de nadie que interprete o filtre lo que quiero decir. Soy arquitecto, no escritor, y hablar de lo visible me parece absurdo. Sólo lo que no vemos merece explicación. Ante un amanecer las palabras sobran. El Sol es el que protagoniza esa visión y ese momento. Digamos que ése es su discurso, y lo agradezco a la vida. Es por esto que no necesito saber por qué aparece cada día o el motivo por el que la Tierra gira permanentemente alrededor de él. Eso me emociona poco. Y conocer que hay cientos de miles de soles parecidos al nuestro en el Universo me emociona menos, pero no logra aminorar la intensidad y la belleza de ese amanecer cuyo impacto en mí permanece intacto. Prefiero esa visión modesta, profunda, elemental de Pablo Neruda: "el sol que hace las frutas, el que cuaja los trigos, el que tuerce las algas, hizo tu cuerpo alegre, tus luminosos ojos y tu boca que tiene la sonrisa del agua...".

Me gustaría hablar aquí de cosas comunes: de la sombra o del abismo; del reflejo, que me dice todo pero parece no decir nada; del silencio, que hace que el espacio no sea inmóvil; de la quietud y su recuerdo indeleble. Pero de todo esto ya han escrito otros.

Los arquitectos no somos artistas, pero no está mal... Ahí vamos cargando esa pena, pues no nos gusta tener que hacer las cuentas

I will make an attempt at writing this introduction myself for the sole reason that only I can vouch for what I do. I would like to get a few ideas across briefly, without the intervention of anyone to interpret or filter what I have to say. I am an architect, not a writer, and to talk about the visible seems absurd. Only that which we cannot see merits explanation. Compared to daybreak, words are superfluous. Only the Sun governs such a view, such a moment. One might even say, such a discourse. And I feel grateful to be alive. It is because of this that I do not need to know why the sun appears each day, or the reason why the Earth circles it endlessly. It does not interest me much. And knowing that there are hundreds of thousands of suns like ours in the Universe interests me even less, because it does not succeed in diminishing the intensity and beauty of that dawn, the impact of which remains intact. I prefer this modest, profound, elemental vision of Pablo Neruda's: "the sun that makes fruit, the one that sets wheat, the one that twists kelp, made your delightful body, your eyes so luminous, and your mouth, which bears the smile of water..."

I would like to speak here of commonplace things: of the shadow, or the abyss; of reflection, which tells me everything while seemingly saying nothing; of silence, which sets space into motion; of stillness and its indelible memory. But of this, others have already written.

Architects are not artists, but it's not so bad... We are able to carry this burden, because in our line of work,

para pagar la raya, al igual que a un doctor no le debe hacer feliz tener que elaborar un acta de defunción o pagar sus impuestos. Todo eso lo hacemos irremediablemente en función o a favor de un fin, pero los arquitectos odiamos los medios. Tardé muchos años en darme cuenta que la arquitectura no es un arte, pero que transita por él. No pocas veces he soñado con emprender una obra que no sirva para nada, pero que resulte en un espacio para el disfrute de la gente. Una obra sin utilidad que conmueva por su belleza, un ejercicio más cercano al arte. Pero el arquitecto tiene que dar solución a asuntos prácticos, cotidianos, a problemas físicos, y nada de esto está involucrado con las artes. Sin embargo, creo que las respuestas que los arquitectos damos, aquellas que son tangibles, finalmente llegan a su destino, a un depositario con alma que encuentra en esa respuesta objetiva la suavidad del discurso humano. La gente busca que le construyamos un hogar feliz, y la verdad es que los arquitectos estamos muy lejos de lograrlo. Sólo podemos aspirar a que los espacios generen emociones y sensaciones de bienestar. Lo demás lo ponen sus habitantes.

En la arquitectura el fin utilitario a menudo transforma la idea original, el sueño que alguna vez se tuvo, y el espacio muta a favor de lo físico. Ser arquitecto exige una eficiencia en el manejo de los recursos y una facilidad de ejecución que obliga a un resultado medible en su costo. Si tuviera que escoger entre dos opciones de espacios que de igual manera me emocionaran, siempre escogería la más barata. El arquitecto tiene que hacer las veces de economista, de psicólogo, de ingeniero y de artista al mismo tiempo, y en no pocas ocasiones terminamos por convertirnos en un personaje extraviado.

Asuntos como la latitud, el clima, las costumbres, los recursos naturales, la mano de obra local, constituyen el marco de referencia para proponer soluciones arquitectónicas. Éstas suelen estar ahí, en la naturaleza antes de ser intervenida, en la sombra del árbol o en la brisa que trae el viento; recursos muchas veces suficientes, gratuitos, que sólo hay que descubrir, descifrar, en la observación del entorno mismo.

Los momentos de humildad y de gozo verdadero con respecto a mi obra los he encontrado en mi taller

we do not owe our souls to the company store. In a similar vein, a doctor probably doesn't like having to fill out a death certificate, or pay his taxes. All of which is unavoidable; it favors or serves an end that justifies the means. But as architects, we despise ends. It took me many years to realize that architecture is not an art, but rather, a passage through art. Many times I have dreamed of embarking on a space that does not turn out to be particularly useful, but is enjoyable to people nonetheless. A work with no utility, poignant for its beauty, would be an exercise closer to art. But the architect has to provide solutions to practical, daily affairs, to physical obstacles, and none of this has to do with the arts. However, I do believe that the answers we provide as architects, those that are tangible, reach their destiny eventually: a soulful depository that finds in objective answers all the gentleness of human discourse. People seek for us to build them a happy home; and in truth, as architects, we are far from achieving this. We can only aspire to create spaces that generate emotions and sensations of wellbeing. The rest is up to those who inhabit them.

In architecture, utilitarian ends often transform our original idea, the dream we once had, and the space mutates to accommodate the physical. Being an architect requires efficiency in the management of resources and an ease of execution that demands results that are measurable in terms of cost. If I had to choose between two spaces that strike me, the cheapest would always prevail. The architect needs to play the role of economist, psychologist, engineer, and artist at the same time, and more often than not, we wind up as figures gone astray.

Issues such as latitude, climate, customs, natural resources, and local labor constitute the frame of reference used to provide architectural solutions. These tend to already exist in nature before it is intervened, in the shadow of a tree or in the breeze brought by the wind; resources that often are more than enough, that are free of charge, that can only be discovered, or deciphered, in the observation of our immediate surroundings.

—Einstein decía que su laboratorio era una libreta—, después de muchas horas de trabajo cotidiano y tras algunas décadas en lo mismo. Si estamos en la búsqueda de darle vida a una idea, no hay otra forma de lograrlo más que con horas y horas en el taller, con la cabeza puesta incesantemente en esa idea que sólo el tiempo y el trabajo van puliendo. La vida del arquitecto puede parecer increíblemente aburrida, al igual que la de cualquier médico o científico. Pero llega el día en que la idea que has trabajado durante tanto tiempo, cobra vida en un objeto. De pronto, todo lo que has comido, olido y escuchado, todo lo que te ha entristecido y emocionado, se vuelve espacio. No hay nada que sustituya ese momento culminante, nada que te dé más satisfacción. Es el encuentro feliz con algo que te ha obsesionado constantemente. Es el final de un trayecto, de un proceso creativo.

Para mí cada proyecto consiste en tres fases diferentes. La primera tiene que ver con el concepto del espacio, que se lee y se descifra por parte del arquitecto sin ninguna referencia; la lectura del espacio en sí mismo, sin elementos externos que la distraigan, sin intervenciones. Cuando el concepto es claro, el espacio tiene la fuerza que capta la atención del visitante, de cualquier observador, sin importar su experiencia o su cultura; el espacio logra la comprensión del espectador desde una mirada limpia. La segunda fase está detrás del espacio. Es lo que llamamos "técnica", que no siempre se ve pero que se siente. Está en el detalle y la sutileza de ciertas formas, en la calidad de la manufactura, en las costuras de la obra. Quizá esto, el sostén de una obra, resulte visible para el espectador conocedor del oficio o con cierta experiencia. En cambio, el visitante sin esa capacidad no observará el detalle conscientemente, pero lo percibirá con claridad. Sin la existencia de estas dos primeras fases esenciales, no existe la posibilidad de lograr la tercera: la lectura del espacio y su capacidad de generar memoria.

Éste es un siglo en donde sin duda las ciencias juegan un papel

I have found moments of humility and true joy working in my studio—Einstein used to say that his laboratory was a notebook—after hours and hours of daily grind, and after several decades in this line of work. If we are on a quest to breathe life into an idea, there is no way to achieve this other than overtime in the studio, our heads incessantly set on an idea that only time and labor can gradually polish. The life of the architect may seem incredibly dull, just like that of any doctor or scientist. But the day will come when the idea you have worked on for so long comes to life in an object. Suddenly, everything that you have eaten, smelled, or heard, everything that has brought you joy or sadness, becomes a space. Nothing can replace that moment of climax; nothing can give you greater satisfaction. It is a happy encounter with something that has constantly obsessed you. It is the end of a trajectory, of a creative process.

For me, every project consists of three different phases. The first has to do with the concept of space, which is read and deciphered by the architect without references: a reading of the space in and of itself, without external elements that may distract, without interventions. When the concept is clear, the space has an impact that captures the attention of the visitor, of any viewer, no matter what their experience or culture; this space gains the comprehension of the spectator from a clear gaze. The second phase is behind the space. It is what we call "technique," which is not always visible, but can be felt. This lies in the detail and subtlety of certain forms, in the quality of manufacture, in the seams behind the work. Perhaps this, which sustains my work, may turn out to be visible for the viewer with certain experience, or knowledgeable of the task at hand. On the other hand, the visitor who lacks that capacity will not observe details consciously, but will perceive it with clarity. Without the existence of these two first essential phases, there is no possibility whatsoever of attaining a third: reading the space and its capacity to generate memory.

This is a century where, beyond a doubt, science plays a fundamental

fundamental, pues a través de ellas encontramos la respuesta a muchos asuntos de nuestro mundo físico; las artes, por su parte, nos remiten al universo de lo verdadero. La tensión entre estas dos esferas hace que nuestro mundo transite mejor. La arquitectura se mueve entre ambas, e intenta crear un espacio poético destinado a una necesidad física.

Escuché alguna vez decir que "vivimos en un siglo donde la idea se está evaporando. Hoy existe el objeto que cambia nuestra forma de vivir, mas no la idea que transforma nuestra forma de pensar". Si fuéramos capaces de entender que la realidad física es una cosa y la verdad es otra, no intentaríamos fundirlas en una misma solución. Eso sólo ha conducido a guerras y violencia. La ciencia y el arte nos remiten a lo humano y verdadero. La arquitectura es una mezcla de ambas.

No creo en los críticos, ni en los premios ni en los títulos. Creo en la obra de la gente y en su resultado, aunque el anhelo frecuentemente lo supere. Toda mi vida de arquitecto he sometido mi trabajo al juicio del usuario y del tiempo, y aun así no pocas veces he salido lastimado. Me he alejado de la opinión de los expertos sobre mi trabajo, pues pienso que eso inhibe la posibilidad de innovar y acaba con la creatividad. Pienso que de esa forma no alimenté un sistema que considero en vías de extinción: la evaluación del "experto" sobre el trabajo de otros. Me pregunto: ¿cuántos expertos sobreviven?, ¿cuántos artistas empujados por ellos y expuestos en su momento de gloria se encuentran hoy en el abismo del olvido? ¿Cuántas instrucciones recibimos para ser capaces de observar lo que sólo las almas virtuosas tienen posibilidad de observar?, ¿cuántos discursos escuchamos sobre lo inobservable? ¿Cuánto más queremos seguir escuchando y cuánto más seguirán hablando esas almas virtuosas?... Cuando el arte es un discurso de intelectuales y deja de emocionar, entonces la matemática en su forma más primitiva se vuelve arte. Pocas cosas me emocionan más que la escultura de Richard Serra o el piano de Keith Jarrett y las notas de Wim Mertens; nada me gusta más que la sonrisa de mi nieta Emilia o el color del cielo en el crepúsculo. Sólo pido que nadie me lo explique.

role, given that through science we find the answers to many dilemmas in our physical world; the arts, on the other hand, remit us to the universe of truth. The tension between these two spheres makes our world more commutable. Architecture commutes between both, and attempts to create a poetic space destined for a physical need.

I once heard it said that "we live in a century where ideas are evaporating. Today, there are objects that change our way of living, but there are no concepts that transform our way of thinking." If we were capable of understanding that physical reality is one thing and truth is another, we wouldn't attempt to mix them together into the same solution. This has led to wars and violence. Science and art remit us to what is human and true. Architecture is a blend of both.

I don't believe in critics, or prizes, or titles. I believe in the work of people and in results, although they are often surpassed by my desire. All my life as an architect, I have subjected my work to the whims of users and of time itself, and even so, I have been hurt more than once. I have distanced myself from the opinion of experts regarding my work, because I believe this inhibits innovation and puts an end to creativity. I believe that otherwise, I would not have sustained a system that I consider to be on the verge of extinction: the "expert" evaluation of others' work. I ask myself: how many experts survive? How many artists buoyed by them and exhibited at their moments of glory find themselves today in the abyss of oblivion? How many instructions must we receive in order to be capable of seeing what only virtuous souls have any hope of understanding? How many speeches must we hear about the unobservable? How much more do we want to keep listening, and how much longer will these virtuous souls keep on talking... When art becomes discourse between intellectuals and no longer excites us, then mathematics in its most primitive form becomes art. Few things excite me more than Richard Serra's sculpture or Keith Jarret's piano, or the notes composed by Wim Mertens; there is nothing I like more than the smile of my granddaughter Emilia, or the color of the sky at dusk. All I ask is that no one explain these things to me.

CONSTRUCCIONES QUE DETIENEN AL TIEMPO

CONSTRUCTIONS THAT MAKE TIME STAND STILL

Mario Pisani

Hasta para el individuo más distraído, ese tipo de persona que observa el paisaje urbano con un relativo desdén, ese alguien que está apenas dispuesto a permitirse ser asombrado por la atracción que puede ejercer la arquitectura —la cual no es más que el arte de realizar edificaciones significativas, capaces de testificar el tormento, los miedos y también las esperanzas, las ambiciones y los deseos de la época en que vivimos—, ni hasta para ese tipo de individuo es posible evitar apreciar el trabajo de Miguel Ángel Aragonés. Este caballero crea construcciones que detienen al tiempo, que capturan la mirada ociosa e invitan al observador a comprometerse en una cuidadosa y considerada evaluación de sus elementos.

Para empezar, estos edificios llaman al observador a caminar alrededor, para así percibir cada perspectiva posible; y una vez que se logra la visión completa, el que observa es otra vez forzado a hacer un análisis de los detalles que son delicadamente destacados por el juego de la luz y la sombra que está inmerso en esa continua y extraordinaria relación entre la naturaleza y la arquitectura. Los muros masivos, variadamente modelados, se erigen altos y directos hacia el azul del cielo y el despliegue de las hojas de los árboles, hacia la verde plenitud que los rodea. Un arbusto quieto, el agua inmóvil en su depósito...; sus muros son, innegablemente, extrañas y poderosas presencias.

En este punto, un creciente deseo de ir más allá, de ver más allá de la fachada y de entrar al recinto se apodera del observador. Entonces, nos movemos hacia el corazón de la construcción: la esencia de la casa

Not even the most absent-minded individuals, the kind who contemplate urban landscapes with relative disdain, hardly willing to allow themselves to marvel at the attraction wielded by architecture—which is nothing other than the art of executing meaningful edifices, capable of witnessing the torments and fears as well as the hopes, ambitions, and desires of the era we live in—not even this sort can help but admire the work of Miguel Ángel Aragonés. Here is a gentleman who creates constructions that make time stand still, capturing idle gazes and inviting observers to engage in a painstaking evaluation of their elements.

From the start, these buildings call upon the observer to walk around them, so that each possible perspective may be taken in, and once the full view has been achieved, the observer is once again obliged to analyze details that are delicately highlighted by a play of light and shadow immersed in that continuous and extraordinary relationship between nature and architecture. Massive walls, modeled a variety of different ways, rise up straight and tall toward the blue sky and leaves unfurling in the trees, towards the green plenitude that surrounds them. An immobile shrub, still waters in a reservoir... his walls are, undeniably, strange and powerful presences.

At this point the observer is overcome by a growing desire to go beyond, to see beyond the façade and enter the enclosure. And so we move toward the heart of the construction: the essence of the house can be viewed critically now, because we are aware that what we have seen so far represents a kind of hymn, a sus-

vista con una visión crítica, conscientes de que todo lo que hemos visto hasta ahora representa una especie de himno, una canción suspendida, dulce y melodiosa, una poesía a lo inhabitado.

Ante las construcciones de Miguel Ángel Aragonés uno puede percibir que son obras maestras creadas con habilidad y flexibilidad, con un rigor colmado de seguridad y con plena conciencia de lo que significa la disciplina. En palabras de Martin Heidegger: "repleto de mérito, el hombre habita poéticamente en la Tierra".

Si así es como surgen las primeras consideraciones acerca de la obra de Aragonés —espontáneamente, mientras observo sus construcciones—, me veo obligado a buscar palabras más apropiadas para escribir sobre esta obra. Y así llega a mi mente alguien como Michelangelo Buonarroti, quien era capaz de satisfacer el papel del artista completo, porque era al mismo tiempo poeta, escultor y arquitecto; una persona que creía que la arquitectura no era sino orden, disposición, apariencia bella, proporción inteligente y una buena distribución.

El segundo impulso que tengo cuando hago el análisis de las obras de Aragonés, por más superficial que parezca, es el deseo de penetrar en la cultura del extraordinario país que es México, en el cual hay tantas cosas mezcladas produciendo una compleja y exótica mezcla que incluye la sabiduría y los conocimientos autóctonos —mayas y aztecas—, así como el sueño, apenas susurrado, de la lejana Europa; el mito perdido del viejo continente y la cuna de la civilización.

pended song, sweet and melodious, a poetry of residence.

Anyone standing before the constructions of Miguel Ángel Aragonés can perceive that they are masterpieces created with skill and flexibility, as well as a rigor brimming with confidence and awareness of just what discipline means. In the words of Martin Heidegger: "Full of merit, yet poetically, man dwells on this earth."

Although my initial considerations regarding Aragonés emerged spontaneously while observing his constructions, I find myself compelled to seek out more appropriate words to write about his work as a whole. And thus, the name Michelangelo Buonarroti comes to mind as someone capable of satisfying the role of a consummate artist, because he was at the same time a poet, sculpture, and architect; a person who believed that architecture was nothing but order, placement, beautiful appearance, intelligent proportion, and proper distribution.

My second impulse upon analyzing Aragonés's works, no matter how superficial this may seem, is the desire to penetrate the culture of Mexico, that extraordinary country where so many elements are mixed together, producing a complex and exotic blend that includes autochthonous understanding and wisdom—Maya and Aztec—as well as the dream, barely whispered, of far-off Europe; the lost myth of the Old World as a cradle of civilization.

DE LO SORPRESIVO A LO MISTERIOSO

FROM THE SURPRISING TO THE MYSTERIOUS

GRETA ARCILA

SON VARIAS LAS RAZONES POR LAS QUE HE SEGUIDO LA OBRA DE Miguel Ángel Aragonés. Entre ellas destaca la teatralidad, y con esta palabra me refiero a que cada una de sus obras está impregnada de emociones, todas diferentes, pero siempre complementarias. Caminar dentro de sus obras es ir de lo privado a lo colectivo, de la plenitud al vacío, de la sensualidad a la rigidez, de lo sorpresivo a lo misterioso. Con los años Aragonés ha ido depurando la técnica de hacer que el visitante de sus obras se pregunte siempre qué hay detrás de ese muro que lo envuelve...

...Si se visita la casa de Aragonés podemos observar cómo cambia de carácter, dependiendo de la hora. El área que varía rotundamente es el vestíbulo principal. En las primeras horas del día todo es blanco, la entrada directa de la luz hace que los rayos solares reboten en el mármol blanco, generando otros destellos de diferentes colores, todos tendiendo hacia los amarillos. Al atardecer es otra historia. La caída de sol otorga un naranja particular, especialmente en otoño. Y para la noche se está en otro sitio: el negro-azul nocturno entra y se entremezcla con la luz artificial y el mármol, sintiendo que uno flota sobre la luz...

...Los pasillos estrechos siempre trasladan a áreas completamente abiertas. Los muros, de generosas dimensiones, parecieran tener pequeñas ranuras delineadas entre las que se percibe algo del siguiente espacio.

Todas las áreas crean diferentes ambientes. Por eso afirmo que la obra de Aragonés es teatral: siempre detrás de una "escena" viene otra distinta, pero todas son dependientes.

Uno de los objetivos de la obra arquitectónica de Aragonés es la generación de bienestar humano: "Todos

I HAVE CLOSELY FOLLOWED MIGUEL ÁNGEL ARAGONÉS'S works for several reasons, especially their theatricality: a word I use in reference to the way in which each work is permeated with emotions that are complementary, yet always different. To pass through one of his works is to go from private to collective, from plenitude to void, from sensuality to rigidity, from the surprising to the mysterious. Over the years, Aragonés has gradually refined his technique of making onlookers ask ourselves what lies behind the walls that surround us...

...When visiting a home created by Aragonés, we are able to observe how its character changes depending on the time of day. The area that changes most drastically is the main foyer. Early in the morning, everything is white: the direct entrance of sunlight causes the rays to bounce off the white marble, generating flashes of different colors, all tending toward shades of yellow. By late afternoon, it's another story. The setting sun affords a particular tone of orange, especially in autumn. And at night, we find an entirely different place: the nocturnal blue-black enters and intermingles with artificial light and marble, giving the impression that we are floating in light...

...His narrow hallways invariably lead to areas that are wide open. The walls, generous in size, seem to outline small slots through which we are able to catch glimpses of contiguous spaces.

The different areas create ambiences all their own. That is why I sustain that Aragonés's work is theatrical: always behind one "scene" another, different one arrives; and yet all of these are interdependent.

nuestros sentidos reciben demasiada información allá afuera. La ciudad parece un campo de batalla visual y auditivo. Llegar a tu espacio supone descansar no sólo el cuerpo sino la mente. Trato de que mi obra ayude a dar una moderación entre la información que recibe día a día el hombre y lo que tiene en su mente. Creo que la ciudad ha llegado a un punto en donde te pierdes. Por eso lo que busco es el encontrarse con uno mismo…", afirma el arquitecto.

One of the objectives of Aragonés's architecture is the formation of human wellbeing. As he puts it, "our senses receive far too much information. The modern city resembles a visual and auditory battlefield. To arrive at your own space implies setting at rest not only your body, but also your mind. I intend for my work to help mediate between the information that mankind receives on a daily basis and that which we carry around in our minds. I believe the city has reached a point in which it loses us. That is why I facilitate encounters with our selves..."

LA CASA Y EL SUBMARINO

THE HOUSE AND THE SUBMARINE

Fabio Morábito

Miguel Ángel Aragonés ha construido casas en las cuales, a través de un marcado deslinde entre la casa y el exterior, se ha acentuado el acto de entrar. Se ingresa, por ejemplo, en un cubo oscuro, en donde, después de que la puerta que da a la calle se ha cerrado a nuestras espaldas, permanecemos durante varios segundos inmersos en la tenebrosidad de un útero, antes de que se abra una segunda puerta que da acceso a la casa; o nos recibe, al entrar, un pasillo sinuoso cuyo final sólo podemos entrever; o nos topamos con una pared que, después de obligarnos a doblar a la izquierda y luego a la derecha, nos introduce, a su vez, a otro pasillo largo y dudoso.

En estas zonas intermedias que retardan lo más posible el acceso a la casa, complicando lo que debería ser simple y casi obvio, no sólo hay una voluntad de introspección, sino el gusto infantil por introducirse en espacios y ámbitos secretos.

Pienso en los submarinos y en la forma en que sus tripulantes tienen que agacharse cada vez que atraviesan las pesadas compuertas que dan acceso a los distintos segmentos de la nave. Ese gesto de encogerse, que indica que el individuo penetra en un ámbito sellado y autosuficiente, resume el alma del submarino: hermético y sigiloso como ningún otro buque y, como ningún otro buque, entregado a la totalidad del mar. Como quien dice, hay que hacerse pequeños para penetrar en la verdadera amplitud. Es éste uno de los principios fundamentales que rigen las casas de Miguel Ángel Aragonés, donde la amplitud y la luminosidad no se otorgan de entrada sino a través de un meditado retraso y de una ponderada complicación.

Miguel Ángel Aragonés places emphasis on the act of entering the houses he has built by clearly marking the boundary between interior and exterior. For example: we enter a dark cube where, once the door leading to the street has closed behind us, we are left submerged for several seconds in uterine darkness before a second door opens, providing access to the interior; or we are received, upon entering, by a sinuous hallway that provides us with only a glimpse of where it may end; or we come up against a wall that, after compelling us to turn first left, then right, introduces us to yet another lengthy, dubious passage.

These intermediate zones delay access to the house as much as possible, thereby complicating what should be simple, or indeed almost obvious. They betray not only introspective volition, but also a childlike gusto for exploring secret spaces and environs.

They remind me of submarines, of the way their crew has to duck every time they traverse the heavy hatches providing access to different compartments of the ship. This crouching movement, while indicating that the individual has gained access to another sealed, self-contained space, also sums up the spirit of the submarine: it is hermetic and secretive like no other ship and, like no other ship, devoted to the sea in its entirety. One might say you have to make yourself small in order to penetrate true vastness. This is one of the fundamental principles governing houses made by Miguel Angel Aragonés, where spaciousness and luminosity are bestowed not at the entrance, but rather through premeditated impediments and well-thought-out dilemmas.

Los vestíbulos de Miguel Ángel Aragonés actúan, entonces, como compuertas herméticas, y sus casas, a partir de ese primer gesto, parecen concebirse como un trayecto, o mejor dicho como una inmersión.

En cierto modo, uno nunca termina de entrar en ellas, porque su distribución se rige por la idea de cruzar cada vez un nuevo umbral, de renovar incesantemente el placer infantil de descubrir siempre una nueva salida, un nuevo recoveco.

Hasta aquellos espacios que por su amplitud podrían considerarse como un remanso definitivo, en realidad han sido pensados como una pausa. La idea inicial del vestíbulo sustenta el estilo de toda la casa y produce una continua sed de espacio, de migración hacia el próximo ambiente. No estamos ante la angustia del laberinto, sino ante la apetencia de estar simultáneamente en todos los lugares y de agotar todos los puntos de vista. Por eso, a pesar de la aparente supremacía de la línea recta, las de Miguel Ángel Aragonés son casas gobernadas por la esfericidad. Cuando el propio Aragonés declara, con respecto a la casa donde vive, que la concibió como un cubo cerrado que hubo que tallar y recortar hasta hacerlo poroso a la luz, creo que lo que hizo, y quizá lo que ha hecho siempre, es, a partir de un cubo, encontrar la esfera que todo cubo encierra. De ese reto, me parece, parte su arquitectura, que tiene un carácter más escultórico que constructivo, puesto que excava y sustrae, abriéndose camino en la materia para hacerla habitable; una arquitectura, por lo tanto, que parte del túnel, del pasadizo, para conquistar el espacio pleno. Se explica así la alergia de Aragonés por crear en sus casas unos espacios demasiado precisos, unas zonas temáticas netamente deslindadas.

En efecto, quien excava, sigue excavando siempre, de un modo o de otro. Mientras el constructor delimita espacios, el excavador tiende más bien a vincularlos y a multiplicarlos. Así, nada, en esas casas, concluye del todo, como nada comienza de raíz.

The foyers of Miguel Ángel Aragonés act, thus, as hermetic hatches and his houses, parting from that initial gesture, appear to be conceived of as trajectories or better yet, immersions.

In a manner of speaking, one can never fully enter them, because their layout is ruled by the concept of always crossing new thresholds, incessantly renovating our childlike pleasure in constantly discovering a new exit, or a new alcove.

Even those spaces broad enough to be considered final havens were actually conceived of as momentary pauses. The initial concept of the foyer is what sustains the style of the entire house, awakening an unquenchable thirst to find more space, to migrate into the next setting. We do not confront the anxiety of the labyrinth, but rather our own desire to be everywhere at once and exhaust all perspectives. Therefore, despite the ostensible supremacy of straight lines, Miguel Ángel Aragonés's houses are governed by sphericity. Aragonés himself declares that he conceived of the home where he lives as a closed cube that he then had to carve out and trim until it became porous to light; I believe that what he did, and perhaps what he has always done, is uncover the sphere encased in every cube. His architecture, it seems to me, evolves from this challenge, which lends it a character more sculptural than constructed, given that it excavates and removes matter, making its way in order to make spaces more inhabitable. It is, therefore, an architecture that sets sail from the passageway, from the tunnel, in order to go out and conquer open space. This explains Aragonés's aversion to creating spaces in his houses that are too precise, or clearly demarcated thematic zones.

Indeed, he who excavates will go on excavating, one way or another. The builder outlines spaces; the excavator tends, rather, to join them together and multiply them. Thus, nothing in these homes is entirely conclusive, just as nothing starts from square one.

Todo es eslabón, antesala, asomarse a lo contiguo. Por eso, entre los elementos más entrañables del estilo de Aragonés están las escaleras, no sólo porque las escaleras son el punto donde arquitectura y escultura se tocan de cerca, sino porque toda escalera es espacio que impulsa hacia adelante. Sin ser ostentosas, las escaleras son el secreto latido de las casas de Aragonés: aparecen, se ocultan y reaparecen como una música de fondo que impide que la casa conozca demasiado sus límites y se tope con su triste cascarón. No creo exagerar si digo que el sueño de Aragonés sería construir una casa sin cascarón, y la única manera de lograrlo sería hacerla a base de escaleras. Éstas, al ofrecer a sus habitantes a cada paso, o sea a cada escalón, una perspectiva distinta, suprimirían virtualmente los muros maestros. Los habitantes de semejante casa podrían desaparecer y reaparecer a su antojo, porque las escaleras nos liberan de los demás y por eso, tal vez, son uno de los espacios preferidos de los niños. En medio de la monotonía de los espacios planos, gobernados por los adultos, el niño percibe en cualquier escalera un aliado natural: intuye, tal vez, que las escaleras son un terreno libre de regaños, puesto que en ellos la vigilancia de los adultos se afloja.

Cuando visité por primera vez a Miguel Ángel Aragonés y él me enseñó su casa, de pronto, durante el recorrido que hicimos, lo vi pararse sobre el ángulo recto que forma el vértice del gran voladizo que gravita sobre la sala, una especie de terraza interna que, supongo, tiene la función de fracturar la gran altura que la casa alcanza en ese punto. A más de tres metros de altura del suelo, con el riesgo de caerse, miró hacia abajo y dijo que le gustaba estar en ese sitio porque en él empezaba y acababa todo. El arquitecto maduro y exitoso, con quien la vida ha sido pródiga en dones y afectos, tuvo un ataque de "abismo", de regresión infantil, y fue a pararse junto al

Everything is another link, an antechamber, a peek into the next room. That is why stairways are among the most engaging elements in Aragonés's style: not only because architecture and sculpture coincide, but because they are spaces endowed with forward momentum. His stairways, while not ostentatious, are in fact the secret heartbeat of his houses: they appear, are concealed, and reappear, like background music that keeps the house from recognizing its own limits, or sadly running up against its outer shell. I don't believe it's an exaggeration to state that Aragonés's dream may very well be to build a house without a shell, and that the only way to achieve this would be based on stairways. By offering inhabitants a different perspective every step of the way, any master walls would be virtually suppressed. The inhabitants of such a home would be able to disappear and reappear at will, because stairways liberate us from everything else. That is why, perhaps, they are one of the spaces children favor most. In the midst of all those monotonous, flat spaces governed by adults, a child senses a natural ally in a stairway; he intuits no doubt that they are a territory free of deception, because there, adult vigilance grows lax.

When I first visited Miguel Ángel Aragonés, he showed me through his house. All of a sudden during the tour, I saw him perched on the vertex of a right angle formed by a cantilever that gravitates over the living room –an inner terrace of sorts that has the purpose, I suppose, of interrupting the considerable height nearly attained by this point. Almost ten feet up in the air, on the verge of falling, he looked down and said that he liked being there, because everything began and ended at that spot. The mature, successful architect, on whom life has showered both talent and affection, was called

vacío. Pensé que, sobre todo cuando está solo, ha de pararse a menudo en este lugar en donde la arquitectura de su casa llega a una suerte de punto de congelación. Ignoro si descubrió esa proa al azar o la buscó con ahínco. Tal vez, en todas las casas que construye, Miguel Ángel Aragonés busca un lugar como ése, y no para de edificar hasta encontrarlo. Como toda proa, es el lugar de la verdadera amplitud, desde la cual la casa se muestra en su complejidad y su sencillez, en su realismo y en su irrealidad, en toda su urgencia y toda su superfluidad. Sin embargo, lo que yo vi en ese momento fue, simplemente, al niño trepado en lo más alto de la escalera de su casa, en el punto en el que nadie podría regañarlo, huérfano feliz que se ha liberado de sus padres y que ahora, después de agacharse un poco, ha penetrado en el silencioso submarino que, casa tras casa, está perfeccionando.

to the "abyss" of childhood regression, and went to stand next to the void. It occurred to me that he must stand there often, where the architecture of his home reaches a kind of freezing point, especially when he is alone. I don't know whether he discovered this prow by chance or whether he zealously procured it. Perhaps in every house he builds, Miguel Ángel Aragonés seeks out a place like this one, and he doesn't stop building until he finds it. Like all prows, this is a spacious vantage point from which the house is shown in all its complexity and simplicity, realism and unrealism, urgency and superfluousness. However, what I saw at the time was simply a boy, climbing up as high as he could on the stairway of his home, where there was no one to scold him. A happy orphan free of his parents who, by ducking down a little, has managed to breach the silent submarine that, house after house, he is perfecting.

LA INTEGRACIÓN DE LA ARQUITECTURA Y LAS ARTES

INTEGRATING ARCHITECTURE AND THE ARTS

Rafael Cauduro

En el siglo xx las artes plásticas se separaron de la arquitectura de manera definitiva. Comenzaron a exigir ámbitos que sólo podían existir en el pensamiento y la contemplación. La arquitectura, por su parte, hizo a un lado todo lo que no fuera arquitectura.

Acostumbrado a la desintegración entre la arquitectura y las artes, un encuentro casual con un arquitecto mexicano me pareció un acontecimiento bastante inusual y atractivo.

Miguel Ángel Aragonés posee una idea conceptual de la arquitectura en la que reforma dos conceptos de alguna manera inaceptables para la arquitectura contemporánea. La primera idea consiste en asumir de buena gana el concepto de arquitectura hecha a mano, que se adecúa a las circunstancias técnicas de nuestro país. A esto se añaden los trabajadores altamente calificados con habilidades artesanales a muy bajos costos. Comparando esto con los países que viven inmersos en la tecnología de punta, el trabajo manual está en su apogeo.

En consecuencia, Aragonés es consciente de que los materiales prefabricados importados son muy caros para una cultura que no requiere de tales avances tecnológicos. Es muy importante para la arquitectura mexicana tomar en cuenta que los conceptos locales están quedando en el olvido. Esto se debe a la disposición de muchos arquitectos mexicanos a participar en el concierto arquitectónico internacional que tiene lugar en los países desarrollados y que generalmente comparte algunos denominadores comunes ajenos a la cultura mexicana.

During the 20th century, the visual arts and architecture broke off all relations indefinitely. The visual arts gradually demanded the kind of scope that can be reached only through reflection and contemplation. Architecture, on the other hand, pushed aside everything that wasn't architecture.

Accustomed to the segregation of architecture from the arts, a casual encounter with a Mexican architect seemed to me a fairly unusual, yet appealing occurrence.

Miguel Ángel Aragonés sustains a conceptual notion of architecture through which he is able to reconcile two ideas that are somehow unacceptable to contemporary architecture. The first consists of assuming in good faith the concept of handmade architecture—one that is well suited to the technical conditions of our country. To this we might add the availability of highly qualified workers who possess artisan skills at a very low cost. In comparison to countries immersed in the latest technology, manual labor is at its peak in Mexico.

Consequently, Aragonés is aware that prefabricated, imported materials are very expensive in a culture that does not require such technological advances. It is also important that Mexican architecture take into account the fact that local conceptions are falling into oblivion. This is due to the willingness of so many Mexican architects to take part in the international architectural concert being held in developed nations, which tend to share certain common denominators that are alien to Mexican culture.

Un segundo concepto es la integración de sus proyectos. Algunos artistas que esgrimen las ideas conceptuales del siglo XX se niegan a aceptar cualquier innovación a su libertad creativa. "En mi caso particular —dice Miguel Ángel— me emociona participar en un proyecto en el que mi trabajo está en un espacio parcialmente predeterminado. La intimidad con el proyecto me permite proponer resultados espaciales armónicos. Se trata de una postura, en cambio, completamente diferente de la que suele adoptarse en el arte, donde se localiza al azar. Es muy gratificante que exista una consideración mutua y un compromiso entre la pintura/escultura y la arquitectura."

The second concept is project integration. Some artists who flaunt the conceptual tenets of the 20th century refuse to accept any infringement whatsoever on their creative freedom. "As for me," Miguel Ángel says, "I find it exciting to participate in a project where my work falls within a partially predetermined space. My intimacy with the project allows me to propose harmonic spatial solutions. This is a position, on the other hand, diametrically opposed to the one generally adopted in art, which is based on chance. I find it highly gratifying that mutual consideration and commitment can exist between painting/sculpture and architecture."

PRESENTACIÓN

INTRODUCTION

Rosanela Álvarez

Los textos que aparecen en esta edición son fruto de amenas conversaciones con Miguel Ángel Aragonés.

Desde el inicio de este proyecto, descarté la entrevista como formato. En cambio, preferí hacer una especie de trascripción recreada de lo que escuchaba. Desde mi visión de editora, imaginé los textos que escribiría puestos o diseñados en las páginas a manera de bloques tipográficos o "ventanas siempre abiertas". A través de ellas, pensé, los lectores podrían "asomarse" a la muy particular visión que Miguel Ángel Aragonés tiene de ciertos temas, a su percepción del mundo y específicamente de la arquitectura, a su indiscutible sensibilidad y lucidez.

A partir de un listado de temas que elaboré y propuse como punto de partida —la luz, el orden, el caos, el blanco, el color, el muro, los interiores, la naturaleza, el entorno, la emoción, la intuición, entre otros— y que Miguel Ángel aceptó sin ningún reparo, dimos paso al diálogo amistoso y no pocas veces disperso. Así, pues, generosamente me fue concedido temporalmente el oficio de escribana, entendido éste no sólo como transcriptora, sino incluso como intérprete de algunas ideas y discernimientos. Es decir, se me otorgó total libertad de escribir y recrear a mi manera lo que escuchaba.

A las numerosas horas de conversaciones grabadas y rápidas anotaciones hubo que darles forma y orden, también una secuencia que sólo ha intentado simular los ritmos —parecidos a música—, de los

The texts that appear in this edition are the fruit of many pleasant conversations I had with Miguel Ángel Aragonés.

I discarded the interview as a format for this project from the start. On the contrary, I chose to carry out a transcript of sorts that had been recreated from what I had heard. From my standpoint as a publisher, I imagined the texts I would write positioned or designed on the page in the guise of typographic blocks or "windows left open." Through them, I thought, readers would be able to share the sui generis vision Miguel Ángel Aragonés sustains regarding certain subjects, his perception of the world and specifically that of architecture, his unquestionable sensitivity and lucidity.

Parting from subjects I had compiled, proposing that they act as a starting point—light, order, chaos, white, color, walls, interiors, Nature, the environment, emotion, and intuition, among others—a list Miguel Ángel accepted without hesitation, we made our way into a friendly and oftentimes dispersed dialogue. So it was that I was generously bestowed with the task of scribe, if this can be understood as not only to transcribe, but also to interpret certain ideas and discernments. That is to say, I was given full liberty to write and recreate what I had heard in my own way.

In addition to the numerous hours of recorded sessions and fast note-taking that had to be given form and order, there was also a sequence created purely in an attempt to simulate the rhythms—akin to music—of the spaces that Miguel Ángel creates for those inhabiting them.

espacios que Miguel Ángel crea para quienes los habitan.

La magia del diálogo —ese ejercicio creativo que conduce a la comprensión y el conocimiento— es lo que me propuse transmitir a través de estos escritos, intentando siempre que las ideas espontáneas y convencidas de Miguel Ángel permanecieran inalteradas. Al mismo tiempo, quise que junto a las imágenes fotográficas de su singular obra arquitectónica, pudieran apreciarse la mente y la emoción del creador, la persona entrañable que hay en este arquitecto.

Rescato aquí un par de ideas centrales que surgen a partir de mi experiencia con la obra arquitectónica de Aragonés:

La primera es la unión de la arquitectura con su entorno natural, en donde terrazas, jardines, árboles de las casas, se integran al todo. También el cielo suele ser parte indisoluble de las construcciones, el remate o techo infinito que corona pasillos o caminos custodiados por altos muros.

Los interiores y los exteriores en las casas de Miguel Ángel forman una unidad; crean una continuidad en donde no hay adentro ni afuera, sino una secuencia de espacios. Un recorrido que empieza en el vestíbulo y continúa, un transcurso parecido al viaje —no al laberinto—, en donde cada espacio se constituye en preámbulo del que sigue.

Agua estática, espejo que refleja igual nubes que muros, agua que corre y refresca; silencios, luego sonidos de viento en el follaje; también el sello cambiante de las sombras del ramaje sobre las superficies circundantes; luz solar virgen, luz que cae contundente sobre el blanco y rebota, lo ilumina todo, nos ilumina… Contrarios y complementos: agua, fuego, tierra y viento…, dialogan. Nada resulta gratuito. La naturaleza se erige protagonista.

La segunda idea consiste en la conciencia clara de que la actividad arquitectónica implica proyectar, construir, concretar; está indiscutiblemente ligada al plano práctico, objetivo y tangible de la existencia, de ahí su gran nobleza. Pero igualmente implica al alma y a sus emociones, y es ahí donde puede dialogar con la creación artística.

La arquitectura toca lo terreno, pero también puede alcanzar el cielo. Es el oficio mediante el cual se crean refugios, recintos, espacios para la vida y los sueños del hombre.

The magic of dialogue—that creative exercise that leads to comprehension and understanding—is what I proposed to transmit through these texts, always with the objective of leaving intact Miguel Ángel's spontaneous and persuasive ideas. At the same time, I wanted his mind and emotions to be appreciated alongside the photographic images of his singular architectural work, the engaging person inside the architect.

I would like to share here two of the main concepts that arose from my experience with Aragónés's architectural work:

The first is the union of architecture with the natural environment, meaning that terraces, gardens, and trees around the homes are fully integrated. The sky also generally acts as an inseparable element of his constructions, as a finishing or infinite ceiling that crowns hallways or pathways sheltered by high walls.

The interiors and exteriors of homes by Miguel Ángel form a unit; they create a kind of continuity with no inside or outside, only a sequence of spaces. A path that starts in the foyer and continues from there, a passage similar to a voyage—not a labyrinth—in which each space constitutes a preamble to the next.

Still water, mirrors reflecting both clouds and walls, water that runs and refreshes; silences, then sounds of wind in the foliage; also the changing pattern of the shadows of tree branches being drawn over surfaces nearby; virgin sunlight, light that falls resoundingly over the white and bounces, illuminating everything, enlightening us... Opposites and complements: water, fire, earth and wind, dialogue. Nothing is gratuitous in the end. Nature emerges as the protagonist.

The second idea that remains very clear to us throughout Aragonés's work is that architectural activity implies projecting, building, concretizing; it is unquestionably linked to the practical, objective, and tangible plane of existence—therein its great nobility. But it also encompasses the soul and its emotions, and this is where the dialogue with artistic creation begins.

Architecture touches the earthbound, but it can also reach the sky. It is the go-between via which refuges, rooms, spaces are created for the lives and dreams of mankind.

TECAS 43

UNA MIRADA MÁS LIMPIA

A CLEANER GAZE

Tecas 43

El arte también ha evolucionado. Ha ido de las complejidades de un Bosco a cierta depuración y sencillez, también entrañables.

Art has also evolved in its trajectory throughout history; it has gone from the complexities of Bosch to a certain purification and simplicity that are also endearing.

La ciencia ha sido un gran motor de la humanidad y su progreso es inobjetable. En el siglo xx, por ejemplo, fue capaz de descifrar y de medir lo invisible; observó lo más micro y pudo entender lo más remoto en el espacio. La transferencia del conocimiento para abundar en el descubrimiento de cosas o asuntos velados es un ejercicio cotidiano entre los científicos. Hoy se sabe mucho más del universo que hace tan sólo unos años.

La ciencia desde su método y el arte desde la mirada del creador, han logrado que entendamos las cosas más certeramente. Han sido capaces de mostrarnos el mundo: dos puntos de vista que develan, que revelan, desde dos lentes distintas.

Los grandes artistas son capaces de desenmascarar —en un sentido amplio— los objetos. Por eso creo que el arte muestra lo pertinente y elimina lo irrelevante del objeto, lo que no le pertenece. El arte purifica el objeto y nos permite una mirada más limpia; nos permite ver sin prejuicios, y por eso nos hace más libres. Las sociedades que viven y producen arte se humanizan y tienen una referencia más clara y vital de las cosas.

Soy de los que piensa que el arte también ha evolucionado. En su trayectoria a lo largo de la historia, ha ido de las complejidades de un Bosco a cierta depuración y sencillez, tam-

Science is the great motor of humanity and its progress has been unquestionable. In the 20th century, for example, it was capable of deciphering and measuring the invisible; from observing the most microscopic phenomena to understanding the remote corners of outer space. Transferring knowledge in order to abound in new discoveries or reveal hidden aspects of reality is a daily exercise among scientists. Today, we know much more about the universe than we did just a few years ago.

Science, with its methodology, and art, with its creative gaze, have succeeded in helping us understand things more clearly. They have shown us the world as dual points of view that unveil, that reveal through two different lenses.

Great artists are capable of unmasking objects—in the broadest sense. That is why I believe that art shows us what is pertinent and eliminates the irrelevance of objects, that which does not belong there. Art purifies objects and allows a much cleaner gaze; it allows us see without prejudice, and that is why it makes us more free. Societies that live and produce art are humanized and have a clearer, more vital frame of reference.

bién entrañables. Es el caso de artistas como Dan Flavin, Josef Albers y Mark Rothko, por ejemplo, en donde ha habido una síntesis, la capacidad de comunicar y conmover con muchos menos recursos. Sin duda, hoy somos testigos de una evolución en el manejo del lenguaje; en el manejo, incluso, de lo que nos emociona.

Es probable que esa reducción de elementos que en la actualidad ha experimentado la obra artística tenga que ver con que somos sociedades saturadas de información desde muchos ángulos, y responda a un exceso de mensajes a los que nos enfrentamos cotidianamente. De forma natural, creo, el arte ha logrado comunicarnos cosas esenciales con mucho menos.

I am one of those who believe that art has also evolved. In its trajectory throughout history, it has gone from the complexities of Bosch to a certain purification and simplicity that are also endearing.

Such is the case of artists like Dan Flavin, Josef Albers, and Mark Rothko, for example, where there has been a synthesis, a capacity to communicate and inspire using far fewer resources. Beyond a doubt, we bear witness today to an evolution in the use of language, or even in the management of what inspires us.

It is likely that this reduction of elements in the art world has to do with the fact that our societies are saturated with information from too many sources, responding to the excess of messages we find ourselves facing each day. Naturally, I believe art has succeeded in communicating the essentials to us with much less.

Quisiera vivir cien años, lograr ser alguien a quien le conste cada etapa de la vida, alguien que haya vivido todas las facetas y haya mutado, se haya transformado a lo largo del tiempo gracias al conocimiento y la experiencia.

Las sociedades debieran guiarse por quienes más saben, por las mentes más brillantes y comprometidas que creen en lo que hacen.

Me entristece y preocupa la falta de vocación de muchos jóvenes en la actualidad, la falta de compromiso, de interés genuino. En general el mundo tiene poca vocación, poca creencia.

Si no te comprometes, si no disfrutas lo que haces, terminas por vivir en la rutina y no creces. Tener vocación por algo, creer en ese algo, es el verdadero motor. Hay que encontrar el motivo y la manera de pasarla bien con el oficio que uno elige.

I would like to live a hundred years, become someone who has achieved certainty about every stage of life, someone who has lived through all its facets and undergone metamorphoses, who has been transformed through time thanks to his knowledge and experience.

Societies should be guided by those who are more knowledgeable, by the most brilliant, committed minds who believe in what they do.

The lack of vocation in many young people today saddens and concerns me, the absence of commitment, of genuine interest. In general, the world has little vocation and fewer beliefs.

If you are not committed, if you do not enjoy what you do, you end up living routinely and fail to grow. Being passionate about something and believing in that something is a true motor. We must find reasons and ways to enjoy ourselves in the trades that we have chosen.

Es muy fácil instalarse en una línea de confort y no proponerse encontrar y descubrir nuevos caminos, no arriesgarse. Es también sencillo caer en la autocomplacencia que puede dar la fama. Ésta resulta útil, un recurso extraordinario para poder seguir con lo que quieres, pero es también muy peligrosa.

El éxito y la fama pueden resultar en una gran trampa, pues son situaciones que nos conducen al laberinto interno que hay en cada uno de nosotros. Cuando el "yo" se exalta y el ego pierde proporción, sin querer uno se aparta del mundo, pues desaparece la posibilidad de "lo otro". El ego sin límite nubla la mirada. La única manera de no quedarnos ciegos y sordos, de crecer y ser mejores, es viendo a los demás, es atendiendo lo de afuera. La retroalimentación, el intercambio, es la única manera de no perder el piso.

Más que en los premios que suelen otorgarse muchas veces sin sentido, creo en los reconocimientos, en la valoración genuina que a veces se hace de trayectorias tangibles.

It is very easy to take no risks at all, to settle down into a comfortable rut without assuming the challenge of finding and blazing new trails. It is also easy to fall into the self-complacency that fame can provide. Because fame can be a useful, extraordinary resource that enables us to continue doing what we want, but it is also very dangerous.

Success and fame can become a terrible trap, because they are situations that lead us straight into the labyrinth that each one of us carries inside. When the "I" is exalted and the ego loses proportion, one is unwillingly removed from the world, because the possibility of "otherness" disappears. A limitless ego clouds the gaze. The only way to avoid becoming deaf and blind, to continue growing and improving, is by watching others, by paying attention to what's on the outside. Feedback and exchange are the only way to avoid losing your head.

Rather than the prizes that are generally awarded but are often meaningless, I believe in recognition, a genuine assessment that is sometimes carried out regarding tangible careers.

Los grandes artistas son capaces de desenmascarar —en un sentido amplio— los objetos. Por eso creo que el arte muestra lo pertinente y elimina lo irrelevante del objeto, lo que no le pertenece. El arte purifica el objeto y nos permite una mirada más limpia; nos permite ver sin prejuicios, y por eso nos hace más libres. Las sociedades que viven y producen arte se humanizan y tienen una referencia más clara y vital de las cosas.

Great artists are capable of unmasking objects —in the broadest sense. That is why I believe that art shows us what is pertinent and eliminates the irrelevance of objects, that which does not belong there. Art purifies objects and allows a much cleaner gaze; it allows us see without prejudice, and that is why it makes us more free. Societies that live and produce art are humanized and have a clearer, more vital frame of reference.

CUBOS

Cubos

CAJAS DE LUZ
BOXES OF LIGHT

Lo que trabajo tiene más que ver con las proporciones que con el tamaño.
What I work with has more to do with proportions than size.

Hoy sé que en la luz y en el espacio radica la forma de lo que vemos, y de ahí nuestro concepto del tiempo. A la luz y al espacio están ligadas nuestras afirmaciones y negaciones, así como buena parte de nuestro estado anímico, de nuestra alma, de nuestra conciencia.

Lo que percibimos en la arquitectura es una consecuencia de esta relación; las formas son un resultado bueno o malo de lo que el espacio y la luz ordenan. Sin embargo, en más de una ocasión debo aceptar que me dejé llevar por la forma, y no sé si con el resultado que esperaba. Éste ha sido el caso de obras como El Pedregal y Los Cubos, en donde existe una relación muy estrecha con su exterior, con la calle: el espacio urbano que me mostró la posibilidad de empezar de afuera hacia adentro.

Lo que trabajo tiene más que ver con las proporciones que con el tamaño (aunque este último siempre ayuda). Para mí la escala psicológica es fundamental. De ahí partió el concepto de la caja de luz: un espacio de muy pequeñas dimensiones reales, aunque de enorme escala en términos de percepción, es decir, de interioridad. Un cubo cuyo vestíbulo principal convertí en una caja negra, una oquedad sin luz, para cerrar totalmente el espacio y hacer del contiguo inmediato otra enorme caja, esta vez de luz: un cuerpo de cristal,

Today I know that the shapes of what we see exist in terms of light and space, and therefore, so does our concept of time. Light and space are bound to our affirmations and denials, as well as our soul, our conscience, and a great many of our moods.

What we perceive in architecture is a consequence of this relationship: shapes are a good or bad result of what light and space have mandated. However, I have to accept that on more than one occasion, I let myself get carried away by form, and I'm not sure the results are quite what I expected. This was the case of works such as El Pedregal and Los Cubos, where there is a very close relationship with the exterior, the street, the urban space that showed me it was possible to start from the outside and work my way in.

What I work with has more to do with proportions than size (although the latter always helps). For me, psychological scale is fundamental. The box of light concept parted from a very small space in actual dimensions, albeit enormous scale in terms of perception, that is to say, interiority. I turned the main lobby of this cube into a black box, a cavity without light, in order to totally enclose the

transparente, que abre hacia el barranco. Claustrofobia y vértigo: dos estados de nuestra mente, dos extremos (la casi ausencia de espacio y su exceso) en dos sitios de una misma obra, de un solo transcurrir.

space and make the contiguous one into another enormous box, this time of light, a body of transparent glass that opens out onto a cliff. Claustrophobia and vertigo: two states of mind, two extremes (the near absence of space and its excess) in two sites of the same work, in a single passage.

De niño me gustaba aventurarme y entrar en cuevas o guaridas hechas de matorrales. Quizá desde entonces aprendí a entender el lenguaje que transmitían espacios diferentes y el efecto que éstos crean en el alma. No digo que hayan sido experiencias conscientes, pero sí vivencias profundas que pude ir descifrando y que me dieron la pauta para entender el poder que un espacio tiene sobre nuestras emociones.

When I was a child, I liked to adventurously explore caves or hideouts made of brush. Perhaps back then I began learning to understand the language in which different spaces speak to us and the effect they have on our souls. I'm not saying these were conscious experiences; rather, they were profound events that I was able to decipher as I went along, ones that provided me with guidelines for understanding the power a space can wield over our emotions.

Cuando tengo oportunidad de hacerlo, me mudo a la casa que concluyo y la vivo por primera vez. De esta forma la siento, la experimento. Compruebo lo que está bien e intento mejorar lo que a mi parecer no funciona. Después sueño con otro espacio y cuando lo concreto, cedo mi casa a nuevos habitantes, me despido para siempre de ese lugar.

Así ha ocurrido en varias ocasiones. Me he mudado y al mismo tiempo he mutado, experiencias siempre revitalizantes con las que aprendo de mi propio trabajo. También, de esta manera, he sentido que no caigo en la rutina, y que el espacio no me atrapa sino que me estimula para trabajar en el siguiente.

Whenever possible, I move into the house I am completing and inhabit it for the first time. That way I can feel it, experience it. I verify that it is sound and try to improve whatever is not performing up to my level of expectation. Then I dream up another space. Once I make it a reality, I relinquish my home to its new inhabitants and bid it farewell.

So it has been on several occasions. I have moved and at the same time, transformed myself. These are always revitalizing experiences that enable me to learn from my own work. Also, this way I feel I have been able to avoid falling into a routine; the space doesn't trap me, but rather stimulates me to work on whatever comes next.

La obsesión es un gran motor, una forma de alcanzar lo que se persigue, pues crea el impulso y no permite que te distraigas de lo que buscas conseguir. Cuando emprendo una obra, mi obsesión es poder lograr la sintonía entre sencillez, depuración y profundidad. Me viene a la mente Hiroshi Sugimoto y sus fotografías marinas. Horizonte y mar en una línea que se disuelve hacia el infinito. El sutil manejo del tiempo en una imagen estática.

Obsession is a great engine, a way of capturing what is being pursued, given that the drive it generates won't allow you to become distracted from what it is you are trying to achieve. When I take on a project, my obsession is to be able to harmonize simplicity, purity, and profundity. Hiroshi Sugimoto comes to mind, with his marine photography. Horizon and sea along a single line that dissolves into infinity. The subtle manipulation of time in a fixed image.

Cuando tengo oportunidad de hacerlo, me mudo a la casa que concluyo y la vivo por primera vez. De esta forma la siento, la experimento. Compruebo lo que está bien e intento mejorar lo que a mi parecer no funciona. Después sueño con otro espacio y cuando lo concreto, cedo mi casa a nuevos habitantes, me despido para siempre de ese lugar.

Whenever possible, I move into the house I am completing and inhabit it for the first time. That way I can feel it, experience it. I verify that it is sound and I try to improve whatever is not performing up to my level of expectation. Then I dream up another space. Once I make it a reality, I relinquish my home to its new inhabitants and bid it farewell.

Para mí la escala psicológica es fundamental. De ahí partió el concepto de la caja de luz: un espacio de muy pequeñas dimensiones reales, aunque de enorme escala en términos de percepción, es decir, de interioridad.

For me, psychological scale is fundamental. The box of light concept parted from a very small space in actual dimensions, albeit enormous scale in terms of perception, that is to say, interiority.

LA VISTA

Encanto Puebla

UNA ESTRUCTURA ÓPTIMA
AN OPTIMAL STRUCTURE

Cuando una obra se realiza para comercializarse las cosas tienen que hacer sentido numérico y responder a recursos económicos disponibles y tangibles.

When a work is completed for commercial purposes: things have to make sense numerically, and they must answer to available and tangible economic resources.

Encanto Puebla constituyó un gran dilema en mi trabajo. Fue un proyecto en donde me resultó claro que no siempre puede uno enfocarse en la parte que más quiere, que las condiciones y herramientas con que finalmente se trabaja no siempre coinciden con lo que se desearía. Me refiero a que cuando una obra se realiza para comercializarse las cosas tienen que hacer sentido numérico y responder a recursos económicos disponibles y tangibles.

En Encanto Puebla hubo una gran tensión entre dos partes, pues fui al mismo tiempo el arquitecto y el desarrollador. El arquitecto que anhelaba cosas y recreaba con la mente y las emociones, y el financiero que atendía la parte objetiva del proyecto y se vio obligado a hacerlo redituable. Sólo la sana relación entre ambos aspectos me permitió seguir adelante. El desarrollo de esta obra terminó siendo un gran reto.

Me emocionó el proceso, aprendí. Encanto Puebla constituyó una experiencia en la que era importante "tocar piso"; siempre permanecí con los pies bien puestos sobre la tierra. No es lo que más gusta, pero es una de las partes esenciales de mi trabajo.

La idea con la que originé este proyecto no tenía antecedentes en Puebla. Mi propuesta provenía de

Encanto Puebla represents a great dilemma in my work. During this project, it became clear to me that one cannot always focus on what one would like, given that the conditions and tools do not always coincide in the end. I am referring to a work completed for commercial purposes: things have to make sense numerically, and they must answer to available and tangible economic resources.

At Encanto Puebla, there was enormous tension between both extremes, given that I was both architect and developer. An architect who desired and recreated outcomes with his mind and emotions, and a developer or financier who attended to the objective side of the project and was compelled to make it profitable. Only a healthy relationship between both would allow me to move forward. Continuing this work ended up being a great challenge to me.

I was inspired by the process; I learned. Encanto Puebla constituted an experience in which it was important to "touch base": I kept both feet firmly on the ground. It isn't my most popular work, but it is one of its most essential elements.

The idea that originated this project was without precedent in

un lenguaje distinto, pues perseguía la sencillez y la síntesis en contraste con la arquitectura local.

La base del proyecto fue el cubo, nada más simple y estable que esa figura geométrica. Una estructura ideal, perfecta por la relación entre sus partes y porque permite el número óptimo de muros, la cantidad exacta para repellar, cubrir y después pintar.

Todo lo anterior hace referencia al tema de obtener un buen resultado con el mínimo de recursos. Eso representa Encanto Puebla.

Desde un inicio me planteé diversas alternativas constructivas, distintas propuestas para lograr el costo más viable para aquel desarrollo de condominios: primero, acero; segundo, concreto; tercero, un híbrido de acero y concreto; cuarto, mezcla de éstos a base de postensados y pretensados.

Encanto Puebla tuvo siempre un objetivo preciso, fue un proyecto en el que hubo mucha claridad. Con él pude lograr una estructura óptima, acorde con el sitio y las circunstancias.

Puebla. My proposal originated from a different language, given that in contrast with local architecture, I was pursuing simplicity and synthesis.

The foundation of the project was the cube. There is nothing more simple and stable than this geometric figure. An ideal structure, perfect in the relationship between its parts and because it allows for an optimum number of walls, the exact quantity needed for plastering, then finishing, then painting.

All of the above touches on the theme of getting a good result out of minimal resources. That's what Encanto Puebla represents.

From the beginning, I came up with various constructive alternatives, different proposals in order to arrive at a more viable cost for this condominium development: first, steel; second, concrete; third, a hybrid of steel and concrete; fourth, a mixture based on post-stressed and prestressed concrete.

Encanto Puebla always had a precise goal: it was a project in which there was a lot of clarity. Thus I was able to achieve an optimal structure in keeping with both site and circumstances.

En Encanto Puebla hubo una gran tensión entre dos partes, pues fui al mismo tiempo el arquitecto y el desarrollador. El arquitecto que anhelaba cosas y recreaba con la mente y las emociones, y el financiero que atendía la parte objetiva del proyecto y se vio obligado a hacerlo redituable. Sólo la sana relación entre ambos aspectos me permitió seguir adelante. El desarrollo de esta obra terminó siendo un gran reto.

At Encanto Puebla, there was enormous tension between both extremes, given that I was both architect and developer. An architect who desired and recreated outcomes with his mind and emotions, and a developer or financier who attended to the objective side of the project and was compelled to make it profitable. Only a healthy relationship between both would allow me to move forward. Continuing this work ended up being a great challenge to me.

EUCALIPTOS *77*

Eucaliptos 77

LA PRESENCIA DEL CIELO
THE PRESENCE OF THE SKY

El arte es un medio por el que podemos disfrutar otras expresiones, aunque no las entendamos a cabalidad o no formen parte de nuestra cultura.

Art is a means by which we can enjoy other forms of expression, although they may not form part of our culture, and we may not fully understand them.

Lo que más recuerdo de esa casa es la presencia del cielo. En una ciudad tan densamente construida y habitada es difícil reencontrarte con algo tan elemental y gratuito como el azul celeste y sus crepúsculos. Sigo pensando que hacer arquitectura en México conlleva aprovechar la luz al máximo, y en ese sentido Eucaliptos 77 se brindó a esa condición lumínica con la intención de atrapar la luz desde el amanecer hasta la caída del sol. En muchos de los muros realicé cortes deliberados; los rasgué y corté, que no es otra cosa que dibujar con luz.

Cuando conoces la casa sientes cómo el terreno cae, y al caer se abre hasta la parte trasera para terminar en un barranco, un espacio que produce una intensa sensación de vértigo, de apertura. Tracé una línea curva de punta a punta del terreno. Esto, con la idea de que cuando el visitante entrara a la casa recorriera un largo pasillo sin ver el final.

Esta casa tuvo dos propósitos, base de su composición: el primero fue respetar el barranco. De alguna manera quise jugar con el vértigo que me causó y recrear esa sensación en el usuario; el segundo tuvo que ver con cinco árboles alrededor de la obra existente, que fueron la pauta para componer una serie de ventanas y patios que los circundaran, así como ciertos muros y contenciones

What I remember most about that house is the presence of the sky. In a city that is so densely constructed and inhabited, it is hard to find something as elemental and free as celestial blue and its twilights. I still believe that being dedicated to architecture in Mexico involves taking maximum advantage of its light. In that sense, 77 Eucaliptos lent itself to this luminous condition and my intention of trapping light from dawn until dusk. On many of the walls I made deliberate cuts; I scratched and scored them, which is tantamount to drawing with light.

Once you get to know the house, you feel how the terrain drops. As it descends, it opens out into the backyard and ends at a cliff: a space that produces an intense sensation of vertigo, of openness. I traced a curved line from one end of the terrain to the other. My idea here was that upon entering the home, guests would proceed down a long hallway with no visible end.

The composition of 77 Eucaliptos had two basic objectives: the first was to honor the cliff. I wanted to somehow play with the vertigo it caused and recreate that sensation in the user. The second had to do with five trees that surrounded the

que fueron el límite del terreno y de las construcciones futuras. Particularmente, dos laureles fueron los que se hicieron presentes.

existing construction. These were the basis of my composition of a series of windows and patios designed to frame them, as well as certain retaining walls that bordered the terrain and future constructions. Two bay trees made their presence especially known.

Frecuentemente me he propuesto destinar algunos espacios específicos de mis casas a obras plásticas de ciertos artistas. De esta forma sus obras se integran y encuentran su recinto, un lugar no dejado al azar desde donde ser contempladas y admiradas. Obras de artistas, muchas veces creación de amigos y colegas, que simultáneamente protagonizan y complementan el espacio arquitectónico.

Esta idea o ejercicio de convivencia, este encuentro inusual entre artistas visuales y arquitectura, ha resultado muy enriquecedor y placentero.

I have frequently taken it upon myself to designate specific spaces in my houses for the works of certain visual artists. That way, their works are integrated with mine and they find their own space, one not left to chance, where they can be contemplated and admired. Artworks that are often the creations of friends and colleagues simultaneously represent and complement my architectural spaces.

This concept or exercise in coexistence, this unusual encounter between visual artists and architecture, has turned out to be most pleasant and enriching.

El arte es la consecuencia del amor, del compromiso. El arte nos regresa a nuestra humanidad, nos conecta con nuestra esencia, con lo subjetivo, y por eso muchas veces nos emociona. La creación artística es un proceso hacia la verdad. Ésta es filosófica y por eso nunca es concluyente.

Lo más importante del arte es que nos acerca a la capacidad de entender al otro. Esa consideración y aproximación es lo que nos da la posibilidad de tener una convivencia humana. El arte es un medio por el que podemos disfrutar otras expresiones, aunque no las entendamos a cabalidad o no formen parte de nuestra cultura. Cuando la manifestación artística nos emociona, de alguna manera nos pertenece.

Art is born out of love, commitment. Art restores our humanity, it connects us to our essence, to our subjectivity, and therefore it often inspires us. Artistic creation is a pathway toward truth. This is philosophical, and therefore, never-ending.

The most important thing about art is that it brings us closer to our capacity to understand others. This approach and consideration give us an opportunity to uphold human coexistence. Art is a means by which we can enjoy other forms of expression, although they may not form part of our culture, and we may not fully understand them. Once an artistic manifestation has inspired us, it somehow belongs to us.

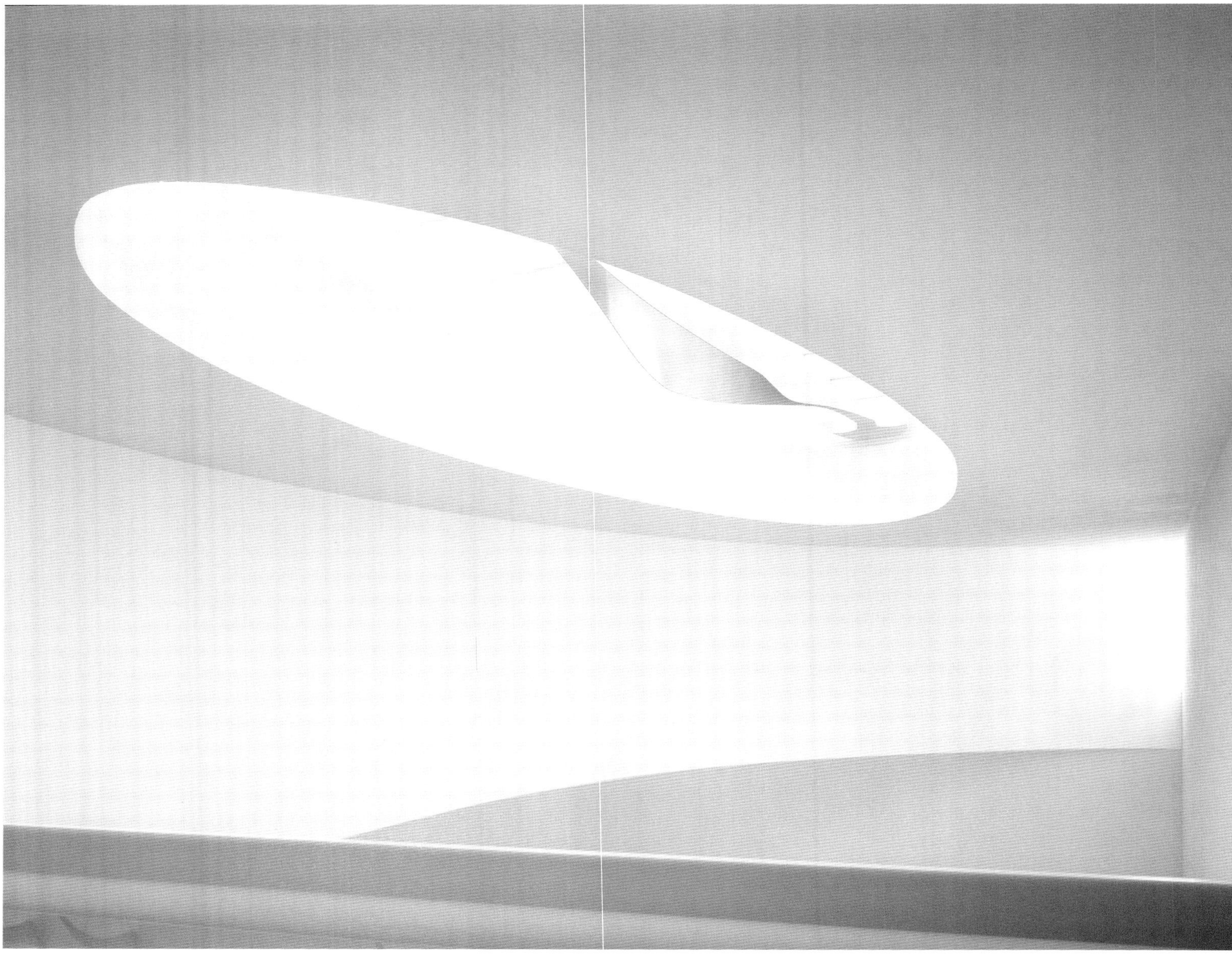

Frecuentemente me he propuesto destinar algunos espacios específicos de mis casas a obras plásticas de ciertos artistas. De esta forma sus obras se integran y encuentran su recinto, un lugar no dejado al azar desde donde ser contempladas y admiradas. Obras de artistas, muchas veces creación de amigos y colegas, que simultáneamente protagonizan y complementan el espacio arquitectónico.

I have frequently taken it upon myself to designate specific spaces in my houses for the works of certain visual artists. That way, their works are integrated with mine and they find their own space, one not left to chance, where they can be contemplated and admired. Artworks that are often the creations of friends and colleagues simultaneously represent and complement my architectural spaces.

PEDREGAL

Pedregal

UNA METAMORFOSIS
METAMORPHOSIS

Todo arquitecto sueña con hacer una ciudad, de la misma manera que una ciudad nunca soñaría con ser hecha por un solo arquitecto.
Every architect dreams of creating an entire city; whereas a city would never dream of being created by a single architect.

Recuerdo que cuando me invitaron a formar parte del grupo de arquitectos que desarrollaría un proyecto de 700 condominios y casas, un conjunto urbano que se albergaría en 22 hectáreas —parte de una insólita reserva territorial en el Pedregal, al sur de la Ciudad de México—, tenía delante de mí algunas piezas de cerámica de Gustavo Pérez: una serie de vasijas que se transformaban, paso a paso, de cilindro a pirámide. Cada pieza contenía una frase, un mensaje, y conformaba cierta personalidad, cierta independencia. Sin embargo, cada una tenía sentido en función del resto del grupo y formaba parte de una idea total. A partir de esto reflexioné, y llegué a pensar que así debía ser una ciudad.

El concepto inicial tuvo como punto de partida un conjunto —una metamorfosis— en donde cada arquitecto propondría un edificio que entablaría una especie de diálogo con el edificio anterior; imprimiría una personalidad distintiva a su obra, respondiendo siempre a la precedente. De esta forma se gestaría una secuencia: un volumen, un cuerpo que sería el punto de partida del siguiente.

Todo arquitecto sueña con hacer una ciudad, de la misma manera que una ciudad nunca soñaría con ser hecha por un solo arquitecto. Afortunadamente, el desarrollo en el Pedregal contempló a varios arquitectos, procedentes de diversos

I remember that when I was invited to form part of a group of architects who would develop an urban project of 700 condominiums and homes on just under 55 acres—part of a rare land reserve in El Pedregal neighborhood of southern Mexico City—I had before me a few ceramic pieces by Gustavo Pérez. This was a series of vases transformed, step by step, from cylinder to pyramid. Each piece contained a phrase or message, and comprised a certain personality or independence. And yet every single one made sense with regards to the rest of the group and formed part of a total concept, which got me thinking that this is how a city should be.

The initial starting point of the concept was a compound—a metamorphosis—in which each architect would propose a building that set up a dialogue of sorts with the previous project; this would imprint a distinctive personality on his work, always in response to the one before. Thus, a sequence would be gestated: a volume, a body that would act as the starting point of what came next.

Every architect dreams of creating an entire city, whereas a city would never dream of being created by a single architect. Fortunately, El Pedregal contemplated various

países —españoles, portugueses y mexicanos—, quienes buscaríamos romper la acostumbrada homogeneidad de los grandes desarrollos. Martín Gutiérrez, Aires Mateus, Juan Herreros, Iñaqui Ávalos, Rafael Otero y yo, seríamos en principio los arquitectos encargados de hacer realidad este proyecto.

Creo poco en los grandes proyectos, pero cuando éste surgió parecía viable. Además, constituía la oportunidad de hacer un ejercicio personal basado en lo colectivo y diseñado para hacer una pequeña ciudad desde el principio.

Este proyecto no sólo resultó desafiante, sino una de las etapas más dinámicas y emocionantes de mi vida profesional. El tiempo y la realidad diluyeron esta emoción, pues la obra nunca concluyó.

En una enorme nave industrial, con materiales reciclables y muy bajo presupuesto, se llegaron a construir un piso de venta y una oficina corporativa. El resto quedó en una idea, en una ilusión...

Martín Gutiérrez (Gutiérrez Arquitectos) pudo desarrollar el acceso principal, puerta de entrada al conjunto. Las imágenes que aquí aparecen corresponden a un primer paso del proyecto general, y son obra mía.

architects from various countries—Spaniards, Portuguese, and Mexicans—who sought to break away from the customary homogeneity of large developments. In the beginning, Martín Gutiérrez, Aires Mateus, Juan Herreros, Iñaqui Ávalos, Rafael Otero, and I would be the architects in charge of making this project a reality.

I don't hold much stock in big projects, but when this one arose, it seemed viable. Moreover, it constituted an opportunity for a personal exercise based on something collective, destined from the outset to create a small city. This project turned out to be not only a challenge, but also one of the most dynamic and exciting stages of my professional career. Time and reality diminished that excitement, however, given that the work was never completed.

A sales floor and a corporate office building were eventually built in an enormous, very low budget industrial warehouse made of recyclable material. The rest continued to be no more than a hope, an idea...

Martín Gutiérrez (Gutiérrez Architects) was able to develop the main access to the compound, an entrance gateway. The images appearing here correspond to an early stage of the general project and are my work.

Creo que todas las formas de expresión, locales o vinculadas a un lugar, no se pueden representar de la misma manera. Ésa fue la tentación de los muralistas mexicanos y de la regionalización radical; también lo es de la globalización. A pesar de esta tentación que se repite, creo que cada lugar posee su propia naturaleza. Para no caer en esta tentación y no quedar atrapado en ella, y al mismo tiempo asimilarla, la naturaleza nos induce a ver y hacer las cosas de diferente manera. Todavía no hay una ley física que pueda explicar la realidad en términos absolutos. Hace mucho tiempo la ciencia

I believe that no form of expression, not even local or site-specific, can be represented the same way. This has been a temptation for both Mexican muralists and radical regionalists; the same can even be said for globalization. But despite its perennial appeal, I believe that every different place possesses a character all its own. To keep from falling prey to this temptation or becoming trapped by it, while at the same time assimilating it, nature induces us to see and do things differently. There is still no physical law to explain reality in absolute terms. A long time ago, science discovered

descubrió sus límites; la fe todavía no los tiene. Creo que la verdad es a la fe lo que la realidad es a la ciencia. La verdad y la realidad frecuentemente se ven de la misma manera, aunque se encuentran en orillas absolutamente opuestas. Aquellos que las confunden, tienden a estandarizar el mundo; aquellos que aprenden a asimilarlas, lo enriquecen.

its own boundaries: faith still has none. I believe that truth is to faith what reality is to science. Truth and reality are frequently seen the same way, despite being found on completely opposite shores. Those who confuse them tend to standardize the world, while those who learn to assimilate them, enrich them.

La posibilidad de crear una obra pública está llena de emotividad y resulta muy gratificante. A través de este tipo de arquitectura uno puede comunicarse con más gente, tiene más posibilidad de diálogo. El espacio no queda confinado a una familia, tiene una vida más larga y más posibilidad de intercambio. Por eso puede trascender en el tiempo, pues todos somos testigos de su presencia y de esta manera lo resguardamos.

The opportunity to create a public work is very exciting, and it turns out to be very gratifying as well. Through this kind of architecture, one can reach more people; there is more potential for dialogue. These spaces are not confined to a single family; they have longer life expectancies and greater opportunities for exchange. This is why they transcend in time, because we all bear witness to their presence and in this manner, treasure them.

Hace mucho tiempo la ciencia descubrió sus límites; la fe todavía no los tiene. Creo que la verdad es a la fe lo que la realidad es a la ciencia. La verdad y la realidad frecuentemente se ven de la misma manera, aunque se encuentran en orillas absolutamente opuestas. Aquellos que las confunden, tienden a estandarizar el mundo; aquellos que aprenden a asimilarlas, lo enriquecen.

A long time ago, science discovered its own boundaries: faith still has none. I believe that truth is to faith what reality is to science. Truth and reality are frequently seen the same way, despite being found on completely opposite shores. Those who confuse them tend to standardize the world, while those who learn to assimilate them, enrich them.

LAURELES

Laureles

UNA CLAVE
THERE IS A KEY

En torno a esta casa de Laureles giró también la idea de hacer un modesto homenaje a quien considero uno de los pintores más importantes del siglo XX: Gunther Gerzso.

This work also revolved around the idea of paying modest tribute to someone I consider to be one of the most important painters of the 20th century: Gunther Gerzso.

No hay secretos, pero sí una clave: hay que atender a la intuición, sentir más las cosas en vez de intelectualizarlas. Cuando llega un objeto a tus manos y lo ubicas por primera vez, ése era su sitio, su lugar. Esa forma de acercarte al objeto tiene más que ver con la creación. La intuición nos da la pauta para leer cosas no codificadas.

Cuando vi por primera vez el terreno donde construí la casa de Laureles, me impresionó una pareja de encinos que ocupaban una pendiente del área, levemente ensombrecida por su sinuoso ramaje. No sólo quise rescatar la sensación que provocaban estos claroscuros reflejados sobre el terreno. Más importante aún: me propuse respetar la presencia de estos magníficos huéspedes que por algunas décadas habían habitado aquel lugar. Fue así que el centro de la casa se destinó a un patio interior para mantener en el mejor estado posible a este par de árboles. Ellos fueron una especie de señal —los verdaderos habitantes de la casa—, por lo que desde que se trazó el proyecto se decidió incluirlos.

En torno a esta obra giró también la idea de hacer un modesto homenaje a quien considero uno de los pintores más importantes del siglo XX: Gunther Gerzso. Él exploró como pocos el contraluz, uno de los temas olvidados en la arquitectura.

There are no secrets, but there is a key: one must attend to intuition by feeling things rather than intellectualizing them. When an object comes into your hands and you find a place for it, it acquires a position, a location. This way of approaching an object has a lot to do with creation. Intuition gives us guidelines for reading things that haven't been codified.

When I first saw the land where Laureles House was built, I was impressed by a pair of oak trees occupying a slope that was somewhat overshadowed by their sinuous boughs. I didn't just want to recover the sensation caused by these chiaroscuros being cast down upon the property. More importantly, I took it upon myself to respect the presence of these magnificent guests that had resided there for decades. This was why the center of the house was destined to become an interior patio, in order to better sustain this pair of trees. They were a kind of signal—the true inhabitants of that home—thus, the decision was made to include them since the project was first outlined.

This work also revolved around the idea of paying modest tribute to someone I consider to be one of the most important painters of the 20th

Lo logró en cada lienzo con un equilibrio que dejaba de lado cualquier intento de improvisación; su belleza emanaba de los límites que él mismo trazaba.

Asimismo consideré invitar a otros artistas plásticos, como Roberto Cortázar, Rafael Cauduro, Jorge Marín, Claudia Gallegos y Sandra Pani, entre otros, quienes contribuyeron a enriquecer los distintos espacios de la casa y los dotaron de una personalidad propia.

La casa contiene dos homenajes: el primero a la naturaleza y el segundo a Gunther Gerzso.

century: Gunther Gerzso. He was one of the few to explore back light, a subject that has been forgotten in architecture. He achieved it in every canvas through a balance that abandoned any attempt at improvisation. Beauty emanated from the limits of what he himself had delineated.

Moreover, I contemplated inviting other visual artists, such as Roberto Cortázar, Rafael Cauduro, Jorge Marín, Claudia Gallegos, and Sandra Pani, among others, who contributed to enriching different spaces in the house and endowing it with a personality all its own.

Laureles House pays two tributes: one to nature, and the other to Gunther Gerzso.

Tengo la clara intención de respetar la naturaleza, de darle el lugar que merece y hacerla parte de mis obras. Por eso la preservo como un fragmento intocable.

Somos polvo de estrellas, somos energía, somos agua. Nuestro cuerpo es 75 por ciento este líquido vital. También somos su ciclo, pues seremos el agua de una planta y después una nube y después lluvia que regresará a la tierra. Cada vez que muere un árbol muere una parte de nosotros, morimos con él. Cada muerte, nos hace morir un poco. Cuidar el entorno es más que una idea, más que una frase. Protegerlo es protegernos, pues somos lo mismo. Esa conciencia puede crearse y debería regir todas nuestras acciones.

It is my clear intention to respect nature, to give it the status it deserves and make it part of my works. That is why I preserve untouchable fragments.

We are stardust, we are energy, we are water. Seventy-five percent of our bodies are composed of this vital liquid. We share the same cycle, given that we water plants, then become clouds, then fall back down onto the Earth as rain. Every time a tree dies, part of us dies with it. Every death makes us die a little more. Caring for the environment is more than an idea, more than a phrase. Protecting it is protecting ourselves, because we are one and the same. This awareness can be created and must govern all of our actions.

EUCALIPTOS 65

Eucaliptos 65

VIVIR EL SILENCIO
EXPERIENCING SILENCE

Con mis casas intento aislar a los habitantes de la ciudad, protegerlos, alejarlos del ruido, darles ordenamiento interior, que es una de las definiciones del sosiego.

With my houses, I am trying to isolate the inhabitants of a city, protect, them, get them away from the noise, and give them an inner stability, which is one way of defining tranquility.

La arquitectura envuelve, cobija. En eso radica su nobleza y poder. El caos urbano genera angustia, y por eso busco hacer espacios que ofrezcan paz, espacios para la contemplación. Con mis casas intento aislar a los habitantes de la ciudad, protegerlos, alejarlos del ruido, darles un ordenamiento interior, que es una de las definiciones del sosiego. El complemento en la ciudad es la posibilidad de escuchar sonidos, de vivir el silencio.

Architecture envelops, blankets us. This is the essence of its nobility and power. Urban chaos generates anxiety. That is why I try to create spaces that provide peace, spaces for contemplation. With my houses, I am trying to isolate the inhabitants of a city, protect, them, get them away from the noise, and give them an inner stability, which is one way of defining tranquility. The accompaniment to a city is the ability to hear sounds, to experience silence.

El funcionalismo no contempló los estados anímicos ni ciertos aspectos psicológicos, a pesar de haber surgido durante el auge del pensamiento freudiano; no tomó en cuenta que los espacios también pueden ges-

Functionalism did not contemplate emotional states or certain psychological features, despite having emerged during a boom in Freudian theory; it did not take into account that spaces can also gestate sensations such as happiness, nostalgia, sadness, vertigo, claustrophobia, or even panic. Nor did it consider that beauty also serves a function, and that we need it as an incentive. Beauty forges bonds between us.

During the boom of functionalism, it was almost taboo to speak of esprit in architectural works. And yet, today more than ever, it is vital that the architect touch our emotional side.

tar emociones, como alegría, nostalgia, tristeza, vértigo, claustrofobia o incluso pánico. Tampoco consideró que la belleza finalmente resulta funcional y que la necesitamos como aliciente. La belleza nos vincula a unos con otros.

Durante el apogeo del funcionalismo, era casi un tabú hablar del espíritu en las obras arquitectónicas. Sin embargo, hoy más que nunca, es imprescindible que el arquitecto toque la parte emotiva.

Resolver los espacios sólo en un sentido material es igual al desdén de la belleza, y cuando alguien desdeña la belleza queda desligado de la parte conmovedora de la vida; se vuelve un objeto más o habita un objeto más.

Existen ciudades enteras, grandes urbes sin estructura armónica, que no han tomado en cuenta esto, y los ambientes se tornan agresivos y generan violencia por la abolición de espacios vitales.

El ser humano en su nivel más elevado es un ser espiritual, capaz de vivir la experiencia estética, que no es sino una forma sensible y valiosa de conocer el mundo. Los espacios más logrados son espacios capaces de transmitir belleza e ideas.

La obra arquitectónica tiene que resultar en un híbrido. El arquitecto debe componer para la parte física y para la espiritual. Aquél que sólo trabaja para lo físico se convierte en apilador de materia sin sentido, en constructor.

Resolving spaces in a solely material sense is tantamount to scorning beauty, and when someone scorns beauty, he is disconnected from the emotional side of life; he becomes or inhabits yet another object.

There are entire cities, great metropolises lacking in harmonic structures that have failed to take this into account. These surroundings turn aggressive and generate violence due to their abolition of vital spaces.

Humans are, in the most elevated sense, spiritual beings capable of sustaining aesthetic experiences. These are merely a sensitive, worthy way of getting to know the world. The most successful spaces are those that are capable of transmitting both beauty and ideas.

Architectural works must be hybrids in the end. The architect needs to compose for our physical and spiritual sides. Those who work only physically become constructors, accumulators of materials devoid of meaning.

Cuando la arquitectura conmueve, crea memoria; cuando no expresa, genera olvido. La memoria es lo más poderoso que puede producir un objeto porque se traduce en permanencia. Los espacios pueden transmitir, comunicar en términos muy contundentes. Cuando la arquitectura genera memoria, trasciende en el tiempo.

When architecture moves us, it creates memory; when it doesn't express anything, it generates oblivion. Memory is the most powerful element an object can produce, because it translates into permanence. Spaces can transmit, or communicate, in very convincing terms. When architecture generates memory, it transcends time.

Es posible que la obra arquitectónica nos produzca emociones cuando trae a la memoria símbolos de otros tiempos, cuando nos hace soñar a través de la mirada.

Nuestra infancia, territorio de gozo y frustración, en ocasiones se tradu-

It is possible that architectural works trigger our emotions by reminding us of symbols from another time, when they cause us to dream through our eyes.

Our childhood, a realm of joy and frustration, occasionally translates into the remembrance of nooks and crannies found in our primordial homes: that space safeguarded by our mothers, the family table we

ce en recuerdos de lugares y rincones de la casa primigenia: el espacio custodiado por la madre, la mesa familiar que compartimos; olores, luz de tardes sólo nuestras, sensaciones grabadas en nuestra memoria más antigua. Con el halo de ella vivimos y creamos, y de alguna manera no tangible la reproducimos en muchos de nuestros actos e incluso en nuestra obra.

Al crear un espacio, intento preservar los mayores estímulos del gozo.

shared; the smells, the afternoon light that was ours alone, sensations engraved on our earliest memories. We live and create in its halo, and in some intangible fashion, we reproduce it in many of our acts or even in our works.

Upon creating a space, I try to preserve the greatest possible stimuli of our enjoyment.

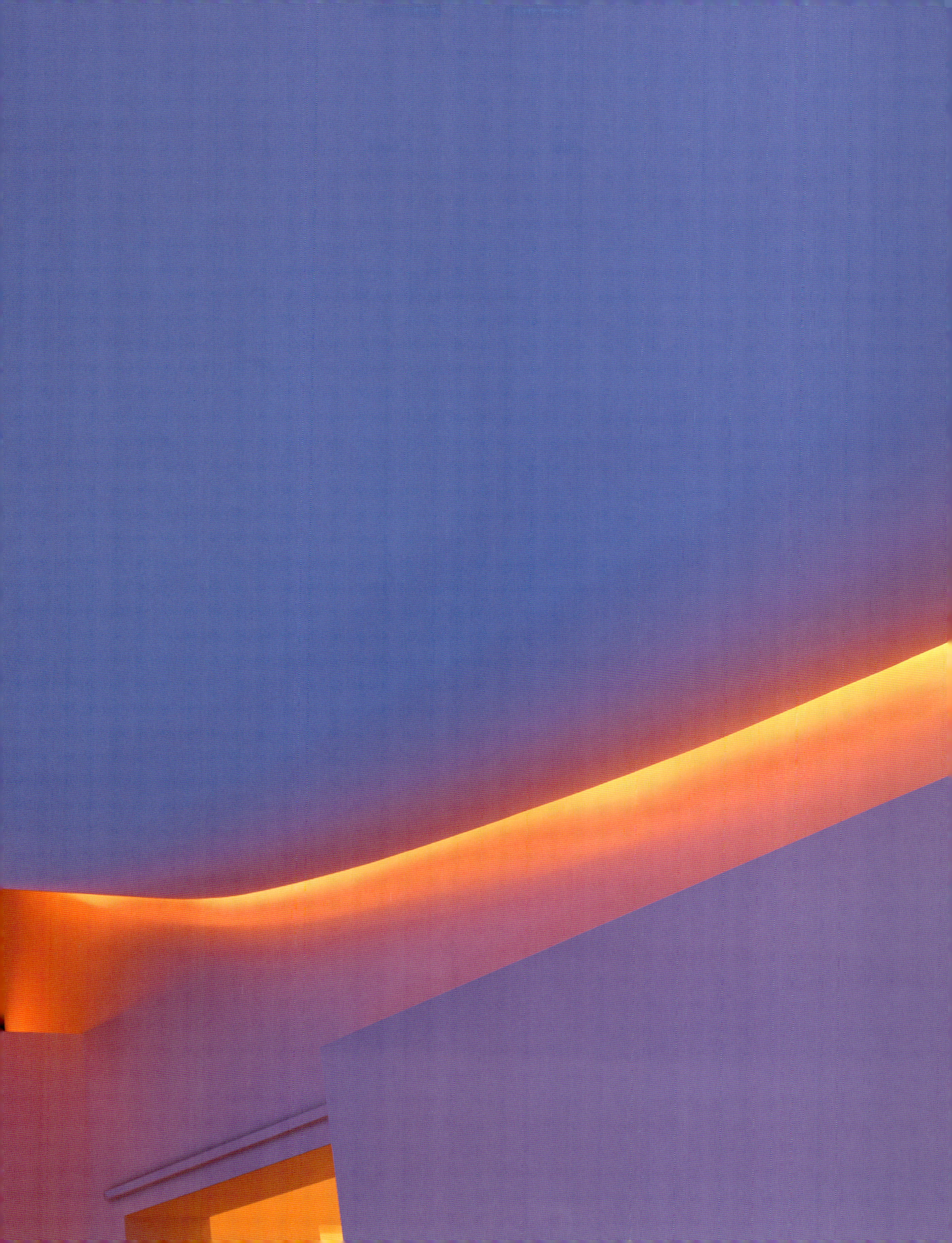

Resolver los espacios sólo en un sentido material es igual al desdén de la belleza, y cuando alguien desdeña la belleza queda desligado de la parte conmovedora de la vida; se vuelve un objeto más o habita un objeto más.

Existen ciudades enteras, grandes urbes sin estructura armónica, que no han tomado en cuenta esto, y los ambientes se tornan agresivos y generan violencia por la abolición de espacios vitales.

Resolving spaces in a solely material sense is tantamount to scorning beauty, and when someone scorns beauty, he is disconnected from the emotional side of life: he becomes or inhabits yet another object.

There are entire cities, great metropolises lacking in harmonic structures that have failed to take this into account. These surroundings turn aggressive and generate violence due to their abolition of vital spaces.

ESTUDIO EUCALIPTOS

Talleres

LEER HACIA ADENTRO
READING WITHIN

Poner en blanco un espacio es abrir las puertas a la reflexión. Un espacio con pocos elementos te invita a leer hacia adentro, a pensar.

To make a blank space is to open the floodgates to reflection. A space with few elements invites you to read within, to think.

Poner en blanco un espacio es abrir las puertas a la reflexión. Un objeto cargado de líneas y formas es una invitación a leerlas y a procesarlas, a distraerse en ellas. Un espacio con pocos elementos te invita a leer hacia adentro, a pensar. El mayor reto no sólo de un arquitecto sino de cualquier persona es vivir a la par de sus intenciones; es decir, hermanando su trabajo con su forma de pensar. Me parece que es ahí donde la ética produce cierta estética, aunque esto nada tiene que ver con juicios morales.

El taller, espacio de trabajo, de silencio, fue diseñado para la creación de nuevos espacios y de ideas.

To make a blank space is to open the floodgates to reflection. An object overburdened with lines and forms is an invitation to read and process them, to become lost in them. A space with few elements invites you to read within, to think. The greatest challenge, not only for an architect but for anyone else as well, is to live on a par with his intentions; that is to say, by matching his work to his way of thinking. It seems to me that this is where ethics can produce a certain aesthetic, although it has nothing to do with moral judgment.

The studio is a place for work, for silence, designed for the creation of new spaces and ideas.

Nuestros sentidos reciben demasiada información allá afuera. La ciudad moderna parece un campo

Our senses receive far too much information. The modern city resembles a visual and auditory battlefield. To arrive at your own space implies setting at easy not only your body, but also your mind. I intend for my work to help mediate between the information that mankind receives on a daily basis and that which we carry around in our minds. I believe the city has reached a point in which it loses us. That is why I facilitate encounters with our selves.

de batalla visual y auditivo. Llegar a tu espacio supone descansar no sólo el cuerpo sino la mente. Trato de que mi obra ayude a dar una moderación entre la información que el hombre recibe día a día y lo que tiene en su mente. Creo que la ciudad ha llegado a un punto en el que te pierdes. Por eso lo que busco es el encuentro con uno mismo.

Hoy en día lo que impera en la Ciudad de México es el caos y la falta de estructura. Concuerdo con Teodoro González de León cuando afirma que la arquitectura citadina actual se resiste al ordenamiento. Hoy toca a los arquitectos hacer obras aisladas con identidad propia. Es ésa la ciudad moderna que nos toca vivir.

Today, Mexico City is governed by chaos and a lack of structure. I concur with Teodoro González de León when he states that contemporary city architecture resists order. Today, it is up to architects to build isolated works with their own identities. That is the modern city we are meant to live in.

Vivimos una época de grandilocuencia, de saturación, de grandes producciones, de obras inmensas y suntuosas en muchas de las manifestaciones humanas. Por eso, hoy más que nunca aspiro a la sencillez, la economía de elementos, la depuración.

Con la música, por ejemplo, no hacen falta más elementos que un ejecutante que haga sonar las notas indispensables, la dosis exacta de sonidos, y alguien dispuesto a recibirlos; un piano, un cello, los sonidos precisos para crear un espacio de intimidad con el receptor.

We live in an era of grandiloquence, over-saturation, grandiose productions, vast and sumptuous works representing multiple human manifestations. That is why today more than ever, I aspire to simplicity, to the economization of elements, to purification.

With music, for example, no more elements are needed than a player who makes the crucial notes audible, the exact dosage of sounds, and someone ready to receive them; a piano, a cello, the sounds required to create intimacy with anyone willing to listen.

"La música inventa al silencio, la arquitectura inventa al espacio", dice un verso de Octavio Paz. Cuando lo leí me pareció una síntesis muy acertada y precisa, y me detuvo a pensar en cómo la música y la arquitectura construyen de manera similar una atmósfera, mediante ritmos y contrastes; cómo comparten formas de recrear un sentimiento, de acariciarlo o de violentarlo.

En la arquitectura un lugar oscuro enaltece a la luz, un espacio pequeño da sentido a la amplitud, el color busca su complementario, los espacios recrean un hermoso diálogo.

"Music invents silence, architecture invents space," reads a verse by Octavio Paz. When I read it, it seemed to me a very accurate and precise synthesis, and I stopped to think about how music and architecture build an atmosphere in a similar fashion, through rhythms and contrasts; how they share ways of recreating sentiments, of caressing or violating them.

In architecture, a dark place ennobles light, a tiny space lends meaning to width, a color seeks its complement, and an area recreates a beautiful dialogue.

Nuestros sentidos reciben demasiada información allá afuera. La ciudad moderna parece un campo de batalla visual y auditivo. Llegar a tu espacio supone descansar no sólo el cuerpo sino la mente. Trato de que mi obra ayude a dar una moderación entre la información que el hombre recibe día a día y lo que tiene en su mente. Creo que la ciudad ha llegado a un punto en el que te pierdes. Por eso lo que busco es el encuentro con uno mismo.

Our senses receive far too much information. The modern city resembles a visual and auditory battlefield. To arrive at your own space implies setting at easy not only your body, but also your mind. I intend for my work to help mediate between the information that mankind receives on a daily basis and that which we carry around in our minds. I believe the city has reached a point in which it loses us. That is why I facilitate encounters with our selves.

ESTUDIO TECAS

CUMBRES SANTA FE

Cumbres Santa Fe

EL UNIVERSO PROPIO
A UNIVERSE ALL ITS OWN

Creo que quien se acerca a ti para que construyas su casa comete un acto de fe, decide creerte. El diálogo logrará la sintonía entre el arquitecto y quien habitará el espacio

I believe that whoever approaches you in order to ask that you build their home is making a leap of faith. Dialogue will always succeed in harmonizing between the architect and those who will inhabit the space.

La idea arquitectónica aterriza y logra su plenitud total en el espacio. El dibujo es el medio con el que se expresa esa idea, es la primera forma tangible de un proyecto. Implica una conexión muy fina entre el cerebro y la mano, la primera traducción en líneas de lo que se concibe y finalmente se erige.

En la escuela me costaba mucho expresar mis ideas. Esto a menudo me resultaba frustrante, pero aunque dibujaba torpemente intenté siempre plasmar en líneas el contenido esencial, la idea necesaria.

Resulta útil y divertido que la obra que finalizas —la casa, por ejemplo—, se convierta en una especie de laboratorio en el que tú mismo experimentas. Cuando vives por un tiempo en una casa que tú mismo creaste, puedes ver y constatar sus aciertos y limitaciones. Resulta un aprendizaje continuo.

También aprendí de mi trabajo a través de fotografías de los espacios terminados. Gracias a estas imágenes entendí muchas cosas del fenómeno lumínico. Así, por ejemplo, pude comprender de qué estaba hecha la luz del crepúsculo, ese instante tan fugaz, y busqué conseguir que ese momento lumínico se congelara en otros espacios. También busqué entender los contrastes entre la luz de los interiores y la de los exteriores, la clave para que la luz permitiera la unidad de los espacios, la fusión del adentro y el afuera en mis construcciones.

The concept of architecture both materializes and achieves total spatial fulfillment. Drawing is the means by which this idea is expressed; it is the first tangible form a project can take. Implicit is a very fine connection between hand and brain, an initial translation into lines of what has been imagined and what will be built as a result.

At school, I found it very hard to express my ideas. This was often frustrating, but although I drew rather clumsily, I always tried to transmit essential content and basic ideas in the lines I was drawing.

In the end, it is both useful and amenable when the work you are completing—a house, for example—becomes a kind of laboratory where you can experiment. Living for a while in a house that you have created enables you to appreciate and corroborate its assets and limitations. This turns out to be an ongoing learning experience.

I have also learned from my work through photographs taken of already finished spaces. Thanks to these images, I was able to learn a lot about the phenomenon of luminescence. Thus, for example, I understood what sunlight at dusk—that fleeting moment—was made

of, and I sought to ensure that this instant of radiance could be transposed in other spaces. I have also tried to understand the contrasts between light in interiors and exteriors. This has been vital in facilitating the unity of spaces, the merging of inside and outside in my constructions.

Creo que quien se acerca a ti para que construyas su casa comete un acto de fe, decide creerte. Al principio, el arquitecto debe saber escuchar. De esta manera se convierte en un intérprete de deseos y necesidades. El diálogo —esa herramienta exacta que nos acerca a la verdad, como lo enseñó Sócrates— logrará siempre armonizar las ideas, creará la sintonía entre el arquitecto y quien habitará el espacio.

I believe that whoever approaches you in order to ask that you build their home is making a leap of faith. They have decided to believe in you. At first, the architect must learn how to listen. This way, he becomes an interpreter of hopes and needs. Dialogue—that precise tool that brings us closer to the truth, as Socrates taught us—will always succeed in harmonizing our ideas, in creating an accord between the architect and those who will inhabit the space.

Cuando desarrollo un proyecto, siempre aprendo en el proceso. Cumbres de Santa Fe ejemplifica eso perfectamente. Tuve problemas técnicos con el vidrio, material esencial de aquella casa: una caja cerrada al exterior, sólo abierta hacia el sur, con una planta libre de interrupciones. Un opaco —la caja— que alberga dos elementos flotantes de cristal alrededor de un patio interior.

A partir de este proyecto me di cuenta que hay que usar los materiales sólo cuando los dominas técnicamente, y que es difícil llegar a la conformidad total cuando terminas un trabajo. La perfección es sólo una aspiración. No es posible que una obra que finalizas resulte en todo satisfactoria. Lo que termina como una falla, cierto grado de frustración en alguno de los resultados, obliga a que el proyecto que está en puerta sea mejor.

Es el tiempo y la dedicación lo que entrega resultados, aunque muchas veces el azar es un aliado. Rara vez encontramos lo que buscamos.

When I develop a project, I always learn something in the process. Santa Fe Heights is a perfect example of this. I had technical problems with the glass, an essential material in that home: a box closed to the outside, open only towards the south, with a floor plan free of interruptions. A single opaque element—the box—housing two floating glass structures around an interior patio.

Parting from this project, I realized that you should use materials only once you have dominated them technically, and that it is difficult to achieve total conformity once you have completed a job. Perfection is no more than an aspiration. No work you are finishing can possibly turn out to be completely satisfactory. Whatever turns out to have been a mistake, causing a certain degree of frustration with certain results, only ensures that the next project down the line will be better.

It is time and dedication that get results although often chance is our ally. We rarely find what we are looking for.

Muchos artistas acaban por copiarse a sí mismos, y eso me parece lamentable. Utilizan fórmulas que repiten y aplican para cualquier problema; se instalan en la autocomplacencia y terminan por no innovar.

Many artists end up copying themselves, which I find lamentable. They use formulas that are repeated and applied to any problem; they are well installed in self-complacency, incapable of innovating in the end.

Existe una obvia relación entre poder económico e influencia cultural, una frecuente confusión entre valor y precio. Ésta ha sido siempre beneficiaria de la estética del estatus y del "buen gusto", de la instauración de la moda como forma de consumo. Me parece que la libertad de elección nos acerca a resultados mucho más cercanos a nosotros y por ende más innovadores.

En nuestro país hay arquitectos que han caído en la tentación de copiar esquemas culturales y estéticos ajenos. Éstos sólo crean entropía y nos desvinculan de nuestros verdaderos valores culturales.

Las circunstancias siempre son diferentes y no se puede contestar a todo con las mismas soluciones. Por eso es imprescindible la autocrítica, la capacidad de sintonizarse con las circunstancias que rodean cada obra, de adecuarse conforme a la exigencia del momento.

Creo que sólo una mente libre es capaz de llevarnos a rincones desconocidos. La fascinación de las ciencias y de las artes radica en la comprensión del universo y en la continua capacidad de descubrir y sorprendernos.

No creo en los estilos, sí en las personas. Creo en el lenguaje personal, el que cada quien construye y logra en soledad, en sintonía con el universo propio.

There is an obvious relationship between economic power and cultural influence, and bravery is often confused with a high price tag. This has tended to privilege an aesthetic of status and "good taste," the establishment of fashion as a means of consumption. It seems to me that freedom of choice gets results that are far closer to us and therefore, much more innovative.

In our country, there are architects who have succumbed to the temptation of copying alien cultural and aesthetic formulas. This only creates entropy and disconnects us from our own cultural values.

Circumstances are never the same, and one cannot use the same solutions as an answer to everything. That is why self-criticism is so vital, our capacity to tune into the circumstances surrounding each work, to adjust in keeping with contemporary demands.

I believe that only a free mind is capable of taking us to unknown territories. We find the arts and sciences fascinating because of their understanding of the universe and their capacity to reveal and continually amaze.

I don't believe in styles, but I do believe in people. I believe in personal language, the kind each and every one of us builds and attains in solitude, in harmony with our own universe.

Recuerdo haber oído al maestro Juan Soriano decir que a él no le gustaban los pintores, que lo que le gustaba era la pintura. Esto me ayudó a comprender que la creación, las obras, finalmente están por encima de las corrientes, de las modas, de los estilos. También pude entender que hay artistas que nos aproximan a lo que queremos hacer y otros que nos alejan.

En la música, por ejemplo, las obras de maestros como Keith Jarret, Hendel o Wim Mertens, se parecen mucho a lo que me emociona.

I remember once having heard the master Juan Soriano say that he didn't like painters: what he liked was painting. That helped me understand that in the end, creations, true works of art, go beyond trends, fashions, or styles. I was also able to understand that there are artists who bring us closer to what we want to do, while others draw us away.

In music, for example, the works of masters such as Keith Jarret, Hendel, or Wim Mertens are akin to what inspires me.

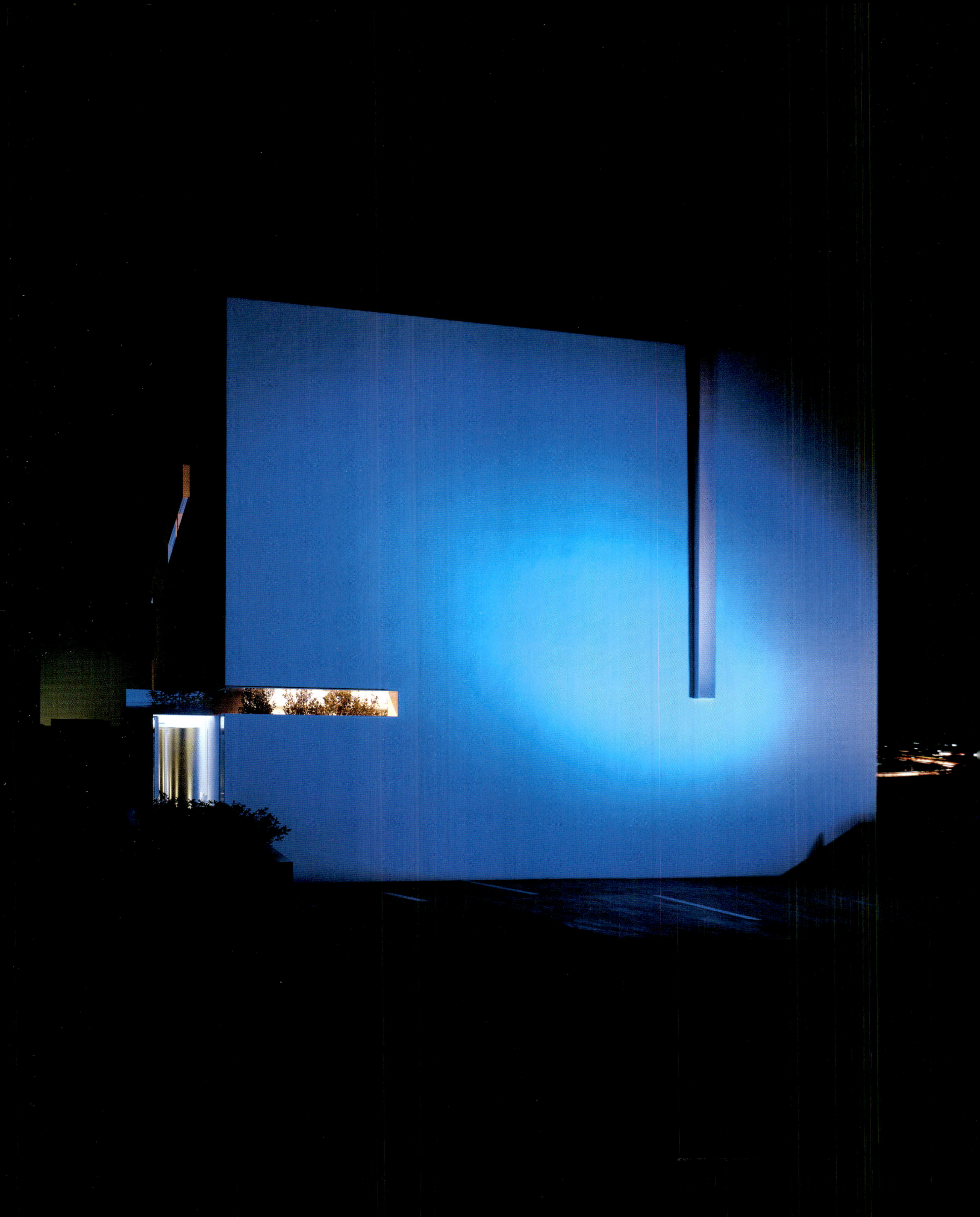

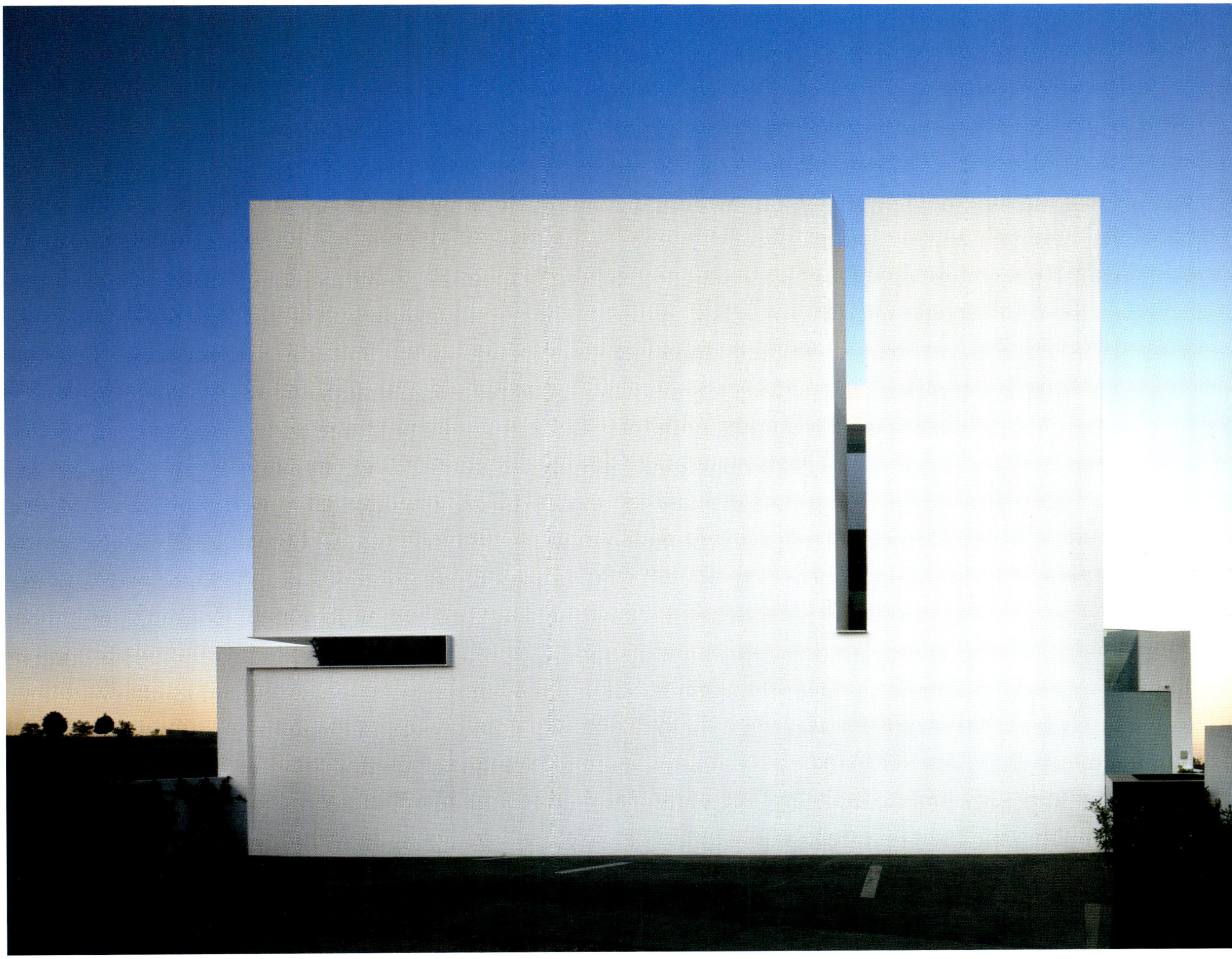

En nuestro país hay arquitectos que han caído en la tentación de copiar esquemas culturales y estéticos ajenos. Éstos sólo crean entropía y nos desvinculan de nuestros verdaderos valores culturales.

Las circunstancias siempre son diferentes y no se puede contestar a todo con las mismas soluciones. Por eso es imprescindible la autocrítica, la capacidad de sintonizarse con las circunstancias que rodean cada obra, de adecuarse conforme a la exigencia del momento.

In our country, there are architects who have succumbed to the temptation of copying alien cultural and aesthetic formulas. This only creates entropy and disconnects us from our own cultural values.

Circumstances are never the same, and one cannot use the same solutions as an answer to everything. That is why self-criticism is so vital, our capacity to tune into the circumstances surrounding each work, to adjust in keeping with contemporary demands.

No creo en los estilos, sí en las personas. Creo en el lenguaje personal, el que cada quien construye y logra en soledad, en sintonía con el universo propio.

I don't believe in styles, but I do believe in people. I believe in personal language, the kind each and every one of us builds and attains in solitude, in harmony with our own universe.

CASA
LA PALMA

Casa La Palma

ALQUIMISTA DE LA LUZ
ALCHEMIST OF LIGHT

El sol es al arquitecto lo que la brújula al navegante; es el punto de partida, el principio orientador de todo proyecto.

The Sun is to the architect what the compass is to the navigator; it is both the starting point and guiding principle behind all projects.

MÉXICO ES UN TERRITORIO CUSTODIADO POR EL SOL. ¿CÓMO NO APROVECHAR, entonces, ese patrimonio y hacerlo protagonista, cómplice del espacio arquitectónico?, ¿cómo no permitir que en nuestros interiores habite su poderosa presencia?, ¿cómo no utilizar la luz natural para generar atmósferas y sensaciones?

El sol es al arquitecto lo que la brújula al navegante; es el punto de partida, el principio orientador de todo proyecto. Cuando ves un terreno, lo primero que tienes que averiguar es por dónde sale el sol y por dónde desaparece; por dónde quieres que entre durante el verano y por dónde en el invierno.

Hay que atrapar al sol, manipularlo, seducirlo, guardar su luz, no dejar que se disperse, matizarla para los interiores. Esta habilidad —el arte de contener luz— convierte al arquitecto en traductor, una suerte de alquimista.

MEXICO IS A LAND WATCHED OVER BY THE SUN. WHY NOT take advantage, then, of this legacy and make it a protagonist, an accomplice of architectural space? Why not let its powerful presence dwell in our interiors? Why not use sunlight to generate sensations, atmospheres?

The Sun is to the architect what the compass is to the navigator; it is both the starting point and guiding principle behind all projects. When viewing a property, the first thing you need to know is where it comes up and where it goes down; where you want its light to enter in the summertime and where during the winter.

The Sun has to be captured, manipulated, seduced: its light stored. Not scattered, but softened. This ability—the art of containing light—transforms the architect into a translator, an alchemist of sorts.

La latitud —como en la navegación— es el marco de referencia de la arquitectura. En la Ciudad de México, por ejemplo, la casa se calienta hacia el sur: luz continua, contundente, luz que dura todo el sol. La luz del poniente, en cambio, tiene otro color y otra duración.

Sin lugar a dudas, la latitud colorea al mundo. La latitud y una de sus consecuencias, el clima, son factores generadores de costumbres, de características culturales, de cosmogonías.

La luz es una constante. Cuando se distorsiona, cuando se modifica en su frecuencia o en su longitud de onda, se logran diferentes colores y tonalidades: luz amarilla, azul, blanca. Entonces, el arquitecto dibuja, pinta con luz; la toma del amanecer o del atardecer y permite que irrumpa en los espacios, que se refleje en los muros como si éstos fueran lienzos.

Uno de los aspectos más notables del trabajo de Luis Barragán radica en el manejo de la luz. Muchos arquitectos mexicanos contemporáneos han hecho de ella una herramienta indispensable, han recorrido ese camino y recreado esa enseñanza.

También la luz puede resultarnos un enigma, pues en ella hay mucho más que aquello de lo que nos damos cuenta. Entenderla implica desentrañar los conceptos de espacio y tiempo. Este último es fundamental en la arquitectura, pues el destiempo, su opuesto, es el plano; el equivalente a un gráfico bidimensional, una visión estática del espacio. Es la parte conceptual que dice en líneas lo que el arquitecto quiere hacer: su idea, su proyecto. Lo único que da vida a ese plano en el espacio es el tiempo.

La arquitectura es movimiento. Cada espacio es parecido a una nota musical, y la secuencia de esas notas se traduce en ritmo.

As in navigation, latitude is the framework behind architecture. In Mexico City, for example, homes are warmer towards the south: there is a continuous, powerful light that lasts while the sun is up. Western light, on the other hand, has a different color and duration.

Beyond a doubt, latitude is what colors the world. One of its consequences, climate, is a factor that generates customs with cultural aspects, cosmogonies.

Light is a constant. When distorted—modified in terms of frequency or wavelength—different colors and tones of light are achieved: yellow, blue, red... Thus the architect draws, paints with light, by taking it from dusk or dawn and allowing it to burst into spaces, reflected on walls as if they were canvases.

One of the most striking aspects of Luis Barragán's work lies in his handling of light. Many contemporary Mexican architects have made this a vital tool: they have gone down that same path and relearned that same lesson.

Light can also become an enigma, given that there is more to it that meets the eye. Understanding light involves unraveling the concepts of space and time. The latter is fundamental in architecture given that untimeliness, its opposite, is a plane; the equivalent of a bidimensional graphic, an inert vision of space. It is the conceptual element that communicates what the architect wants to do in lines: his idea, his project. The only thing capable of breathing life into that spatial plane is time.

Architecture is movement. Every space is similar to a musical note, and a sequence of these notes translates into rhythm.

QUIZÁ AHÍ, donde las palabras no alcanzan, está el inicio de un lenguaje propio que define mejor lo que cada quien imagina. Para el arquitecto las palabras son los muros y las frases sus espacios, aire contenido en una forma. Ahí está nuestro intento de definición. Me parece que la arquitectura es esencialmente un lenguaje de espacios, poesía de formas, sonidos, texturas, luz, color y vida; y es el refugio del hombre.

Antes que nada, el arquitecto debe preocuparse por crear un diálogo entre espacio y función, y entender las necesidades tanto físicas como espirituales de aquellos para quienes trabaja. Creo con firmeza en la similitud entre música y arquitectura, en el respeto al silencio para dar sentido a la sonoridad, al contraste, a las notas, a los ritmos. En la arquitectura cada hábitat provoca una sensación: un lugar oscuro enaltece la luz, un espacio pequeño le da sentido a la amplitud, un muro naranja nos presagia una atmósfera azul; las escalas, la luz, el color, siempre buscan su complementario.

La arquitectura, como las demás artes, es un reto de introspección. Es la forma en que luz, espacio y tiempo dialogan entre sí y responden a su entorno. Debe haber congruencia entre la forma de ver la vida y la manera de expresarse. Pertenecemos a una época y a un lugar, no a un estilo. Nos moldea la historia y el presente nos da sentido.

BEYOND THE SCOPE OF WORDS: perhaps therein lies the origin of a particular language better able to define what each person can imagine. For the architect, words are walls and phrases; their spaces, air contained within a form. Thus, we attempt to define. It seems to me that architecture is essentially a language of spaces, a poetry of forms, sounds, textures, light, color, and life; it is the refuge of all mankind.

Above all else, the architect must take it upon himself to maintain a dialogue between space and function, while at the same time understanding the needs, both physical and spiritual, of those for whom he is working. I firmly believe in the similarity between music and architecture, in respecting silence in order to lend meaning to sonorousness, contrast, notes, and rhythms. In architecture, each habitat triggers a sensation: a dark space enhances light, a small space lends meaning to width, an orange wall foreshadows a blue ambience; scale, light, and color always seek out their complements.

Architecture, like other art forms, challenges our introspection. It is the way in which light, space, and time converse among one another and react to their surroundings. There must be congruence between the way life is seen and way it is expressed. We belong to an era and a place, not a style. We are molded by history, and the present gives us meaning.

Hay que atrapar al sol, manipularlo, seducirlo, guardar su luz, no dejar que se disperse, matizarla para los interiores. Esta habilidad –el arte de contener luz– convierte al arquitecto en traductor; una suerte de alquimista.

The Sun has to be captured, manipulated, seduced: its light stored. Not scattered, but softened. This ability—the art of containing light—transforms the architect into a translator, an alchemist of sorts.

CASA SALOMÓN

Casa Salomón

LOS SENCILLOS
SIMPLICITY

De Luis Barragán y Ricardo Legorreta todos hemos aprendido. Hay una importante tradición arquitectónica en nuestro país, cuyo punto de convergencia ha sido el muro.

All Mexican architects have learned this quality from Luis Barragán and Ricardo Legorreta. There is a great architectural tradition in our country, and its point of convergence has always been the wall.

Cada quien encuentra en el camino lo que le toca, y lo expresa a través de lo que hace. Algunos logran mostrarlo a los demás, hacerlo público; otros, los menos, decirlo como nunca antes. Es el caso de artistas emblemáticos como Le Corbusier, en la arquitectura, o Pablo Picasso en la pintura. Este último se burlaba siempre de esos artistas que declaran estar buscando algo, que definen su trabajo como una dramática investigación, una búsqueda en medio de la incertidumbre. "Yo no busco —decía—, yo encuentro: ¿cómo puede buscar alguien algo que no sabe lo que es?".

En el proceso creativo los artistas observan, son seres naturalmente curiosos. Sólo ven, entonces encuentran, se sorprenden, y están siempre abiertos al azar. En eso se parecen a los niños.

People find whatever they are meant to on their path in life and express it through what they do. Some manage to go public and show it to others; then there are those who say it like never before. Such is the case of emblematic artists like Le Corbusier in architecture, or Pablo Picasso in painting. He would always mock artists who claimed to be looking for something, who defined their work as a dramatic search, a quest in the midst of uncertainty. "I don't seek," he would say, "I find: how can anyone search for something without knowing what it is?"

In the creative process, artists observe. They are naturally curious beings. They can only see, then find. They are easily surprised, and they are always open to chance. In this, they are not unlike children.

Me gustan los sencillos. De Luis Barragán y Ricardo Legorreta todos los arquitectos mexicanos hemos aprendido. Hay una importante tradición arquitectónica en nuestro país, cuyo punto de convergencia ha sido el muro.

Barragán es ceremonioso, pero paradójicamente casi un asceta, e irremediablemente un obseso de la belleza. A partir de formas masivas sencillas, de materiales tradicionales, de muros sólidos con aperturas pequeñas y de un magistral manejo de la luz indirecta, es capaz de dar a sus espacios la pulcritud, la sobriedad, la elegancia y aparente sencillez del misticismo.

Recordaré por siempre ese rincón en el Convento de las Capuchinas. La luz ambarina, casi dorada, que entraba al templo a través de un modesto techo de asbesto, hizo de aquel momento una experiencia literalmente sagrada.

I like simplicity. All Mexican architects have learned this quality from Luis Barragán and Ricardo Legorreta. There is a great architectural tradition in our country, and its point of convergence has always been the wall.

Barragán is ceremonious, but paradoxically almost ascetic, and irredeemably obsessed with beauty. Parting from simple, massive forms made of traditional materials, solid walls with small openings, and a masterful control of indirect light, he was capable of endowing his spaces with neatness, sobriety, elegance, and the apparent simplicity of mysticism.

I will never forget one corner of Las Capuchinas Convent. The amber, almost golden light, entering the temple through a modest asbestos ceiling, literally made that moment a sacred experience for me.

En una ocasión, cuando era estudiante, alguien me habló de la Casa Gilardi de Luis Barragán. La describió con tal emoción, que la imaginé perfectamente. Soñé y recreé en mi mente el espejo de agua y todos los espacios narrados en aquella plática. Entonces, empecé a crear en mi cabeza aquella casa del maestro.

Cuando la visité por primera vez mi sueño palideció, pues la visión resultó totalmente distinta de lo que había imaginado. Fue tan contundente, tan potente mi encuentro con aquel espacio..., que quedé profundamente impactado. Tanto así, que durante mucho tiempo trabajé inspirado en él y deseé lograr obras como ésa.

Mi casa actual se parece más a la primera casa que yo creé mentalmente, a aquella imagen propia de la Casa Gilardi. Hoy sé que en el trabajo maduro las influencias se desvanecen y sólo operan en ti de manera inconsciente; hoy he constatado que el estilo personal responde a los sueños.

Once, when I was a student, someone told me about the Gilardi House by Luis Barragán. He spoke with such enthusiasm that I was able to imagine it perfectly. I dreamed about and recreated the mirror of water and all the other spaces described in that conversation. Then I began to build that masterpiece in my mind.

When I visited it for the first time, my dream paled in comparison, because the visual reality turned out to be completely different from what I had imagined. My encounter with that space was so decisive, so potent... that I was left deeply moved. So much so that for a long time, my work was inspired by it and my one desire was to reach similar heights.

My home today looks more like that first home I created in my mind, my own image of Gilardi House. Today I know that in mature work, influences gradually vanish and operate only on a subconscious level; today, I have confirmed that personal style is an answer to our dreams.

Nadie inventa caminos desde cero. Recreamos y, en el mejor de los casos, logramos metáforas, nos acercamos a la realización de espacios con sentido poético. Por eso, siempre intenté aprender de Ricardo Legorreta, de su alegría, de su capacidad de dialogar con el paisaje, de su espontaneidad. Él es una atinada mezcla del espacio mexicano con una forma y visión contemporáneas. El Camino Real de Ixtapa y el de la Ciudad de México son grandiosos, no envejecen. La obra de Legorreta constituyó una de mis primeras lecciones de arquitectura.

Roads are not invented out of nowhere. We recreate and, if we are lucky, achieve metaphors. We approach the fulfillment of spaces with poetic significance. This is what I always tried to learn from Ricardo Legorreta: his joy, his capacity to dialogue with landscape, his spontaneity. He is a fortunate blend between Mexican space and contemporary form and vision. The Camino Real of Ixtapa and that of Mexico City are grand; they never grow old. Legorreta's work constituted one of my first lessons in architecture

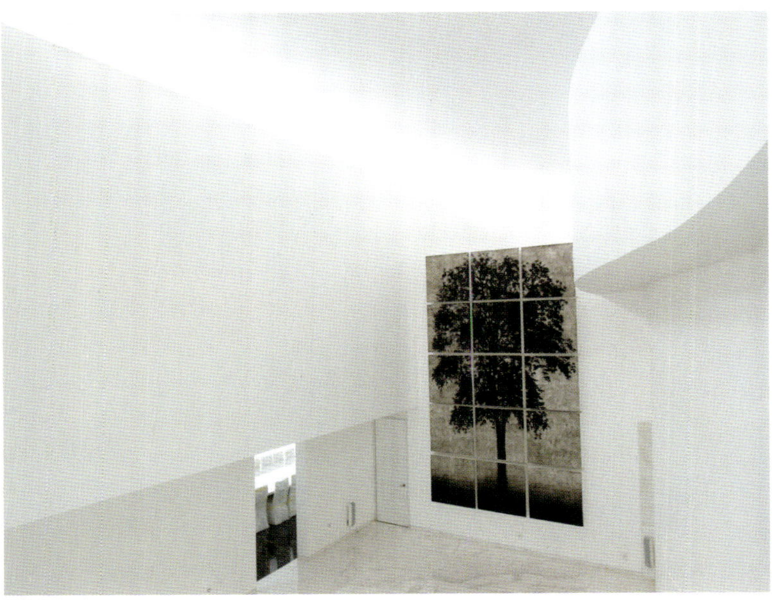

Nadie inventa caminos desde cero. Recreamos y, en el mejor de los casos, logramos metáforas, nos acercamos a la realización de espacios con sentido poético. Por eso, siempre intenté aprender de Ricardo Legorreta, de su alegría, de su capacidad de dialogar con el paisaje, de su espontaneidad. Él es una atinada mezcla del espacio mexicano con una forma y visión contemporáneas.

Roads are not invented out of nowhere. We recreate and, if we are lucky, achieve metaphors. We approach the fulfillment of spaces with poetic significance. This is what I always tried to learn from Ricardo Legorreta: his joy, his capacity to dialogue with landscape, his spontaneity. He is a fortunate blend between Mexican space and contemporary form and vision.

EUCALIPTOS
55

Eucaliptos 55

LA MAGIA DEL MURO
THE MAGIC OF THE WALL

La magia del muro… símbolo, frontera, acotamiento; referente de lo interno y de lo externo, del adentro y del afuera, guardián del calor y del frío, de la intimidad.

The magic of the wall… symbol, border, annotation, referent of all that is internal and external, inside and outside, guardian of heat and cold, and also of intimacy.

Si observas ciudades como Nueva York o Chicago, donde hay gran densidad de personas en territorios reducidos, ves una predisposición a construcciones de vidrio. Inmensos rascacielos que utilizan grandes ventanales, enormes muros de vidrio, aun cuando este material presenta grandes complicaciones térmicas.

La preservación del muro en México ha sido una constante a lo largo del tiempo: desde las magníficas construcciones prehispánicas, pasando por la arquitectura colonial, hasta los complejos contemporáneos.

La magia del muro… símbolo, frontera, acotamiento; referente de lo externo y de lo interno, del adentro y del afuera, guardián del calor y del frío, de la intimidad. No sólo es un aislante térmico, sino también visual y acústico.

El muro constituye un referente en la arquitectura de Luis Barragán, y lo será también en la de Ricardo Legorreta. Hoy en día, arquitectos como Álvaro Siza, de Portugal, o Tadao Ando, del Japón, retoman el concepto de muro en la arquitectura de otras latitudes como punto de aislamiento. El muro, con su presencia contundente, austera y masiva, se convierte en uno de los grandes legados de la arquitectura mexicana para el mundo.

Upon observing cities like New York or Chicago, where there is a high density population living in a small area, you will find a tendency toward glass constructions. Immense skyscrapers that boast enormous picture windows, huge walls of glass, despite the fact that this material presents considerable thermal complications.

The conservation of the wall in Mexico has been a constant throughout time: from magnificent pre-Hispanic constructions to contemporary developments, passing through colonial architecture along the way.

The magic of the wall… symbol, border, annotation, referent of all that is internal and external, inside and outside, guardian of heat and cold, and also of intimacy. This insulation is not only thermal, but visual and acoustic as well.

The wall is a constant in Luis Barragán's architecture, likewise in that of Ricardo Legorreta. Today, architects like Álvaro Siza in Portugal or Tadao Ando in Japan have recovered the concept of walls in architecture as a point of isolation from other latitudes. The wall, with its defining, austere, massive presence, has become one of the great legacies of Mexican architecture around the world.

Construir sobre algo ya construido constituye una especie de herencia sobre la que debe asumirse cierta responsabilidad, una relación obligada, un diálogo en el que definitivamente existe un punto de partida diferente y una forma distinta de concebir la obra. En Eucaliptos 55 había una serie de volúmenes y espacios, todos alrededor de un patio abierto hacia el barranco. Existía también una arquitectura ecléctica y de formas accidentadas, con una geometría aparentemente caótica. Sin embargo, al involucrarme con los planos arquitectónicos y leerlos cuidadosamente descubrí un orden complejo. Me recordó aquello que Borges decía: "el caos es un orden que la mente aún no descifra".

Sin pensar en que la obra sería mejor o peor, lo que quise fue utilizar un lenguaje propio y tratar de hacer un espacio "a mi manera", reinterpretando lo que la casa decía. Aunque no resulte obvio, existe un continuo diálogo con su pasado. Sin embargo, cuando el arquitecto Guillermo Norma —creador original de aquel espacio— volvió a verla, no reconoció nada. Recuerdo que parecía más extrañado con lo que tenía ante sus ojos que con lo que había dejado de ser. Definitivamente y en honor a nuestra amistad, debo asumir que el resultado fue producto de un diálogo —en donde mi intervención no fue muy discreta—, y que la casa se transformó radicalmente.

Building on top of something else presupposes a kind of inheritance for which a certain responsibility must be assumed. A compulsory relationship, a dialogue in which a different starting point and different way of conceptualizing one's work definitely exist. At 55 Eucaliptos, there was a series of volumes and spaces, all surrounding a patio that opened out onto a cliff. There was also an eclectic architecture of rugged forms with an apparently chaotic geometry. However, upon delving into and carefully reading the blueprints, I discovered a complex order. It reminded me of what Borges used to say: "chaos is an order that the mind has not yet deciphered."

Without thinking that this project would become any better or worse, what I did was use my own language to try and remake the space "my way," reinterpreting what the house was already saying. Although it may not seem obvious, there is an ongoing dialogue there with its past. However, when the architect Guillermo Norma—the original creator of that space—saw it afterwards, he didn't recognize it at all. I recall that he seemed more puzzled by what was right there before his eyes than by what no longer existed. Definitely, in honor of our friendship, I must recognize that the result was the product of a dialogue—one in which my intervention was not very discreet—and that the house was radically transformed.

Con respecto al color, he querido buscar otras posibilidades. Luis Barragán logró rescatar el colorido en la arquitectura; éste se exploró al máximo, y a mi parecer se agotó. El color ha sido un gran legado, pero en mi trabajo he querido ir más allá: el color como un accidente lumínico, una manipulación de la luz. Sin lugar a dudas debe estar presente, pero de manera sutil —no como algo obvio y plano—; el color tridimensional, producto de la luz al rebotar sobre una superficie plana.

Regarding color, it has been my desire to seek out new possibilities. Luis Barragán succeeded in recovering color in architecture. It was explored to the hilt: exhaustively, in my opinion. Color has been a great legacy, but in my work I have chosen to go one step further: color as a luminous accident, a manipulation of light. Beyond a doubt it should be present, but in a more subtle fashion—not as something obvious and flat—three-dimensional color, the result of light bouncing off a flat surface.

Pintar con luz, usar los muros como lienzos, y así crear diversas atmósferas, sensaciones. Eso es lo que pretendo con el manejo lumínico.

Painting with light, using walls as canvasses, creating thus diverse atmospheres and sensations. This is my intention whenever I use radiance.

SI APUESTAS A LOGRAR lo que quieres sólo a través de la tecnología, seguro que vas a equivocarte. Los avances tecnológicos son muy rápidos y mutan todo el tiempo. La tecnología no debe protagonizar nuestras intenciones, pues constituye sólo un medio, un instrumento para generar atmósferas en espacios creados. La intención de integrar alta tecnología es de gran utilidad, ya que a través de ella es posible conseguir un mayor confort, una vida más cómoda para la contemplación silenciosa donde la arquitectura se convierte en mediadora de experiencias sensitivas. La arquitectura que menosprecia el contenido y sobrepone la parte tecnológica, caduca al paso de los años.

IF YOU GAMBLE ON ACHIEVING what you want solely through technology, you will surely go wrong. Technological advances happen very quickly and are constantly transformed. Technology should not guide our intentions, given that it constitutes nothing more than a means, an instrument that can be used to generate atmospheres within the spaces we create. Intentionally integrating the latest technology can be enormously useful, given that it makes it possible to obtain greater ease, a more comfortable life in which architecture becomes a mediator of sensory experiences through silent contemplation. However, architecture that belittles content by superimposing technological aspects will soon become outdated.

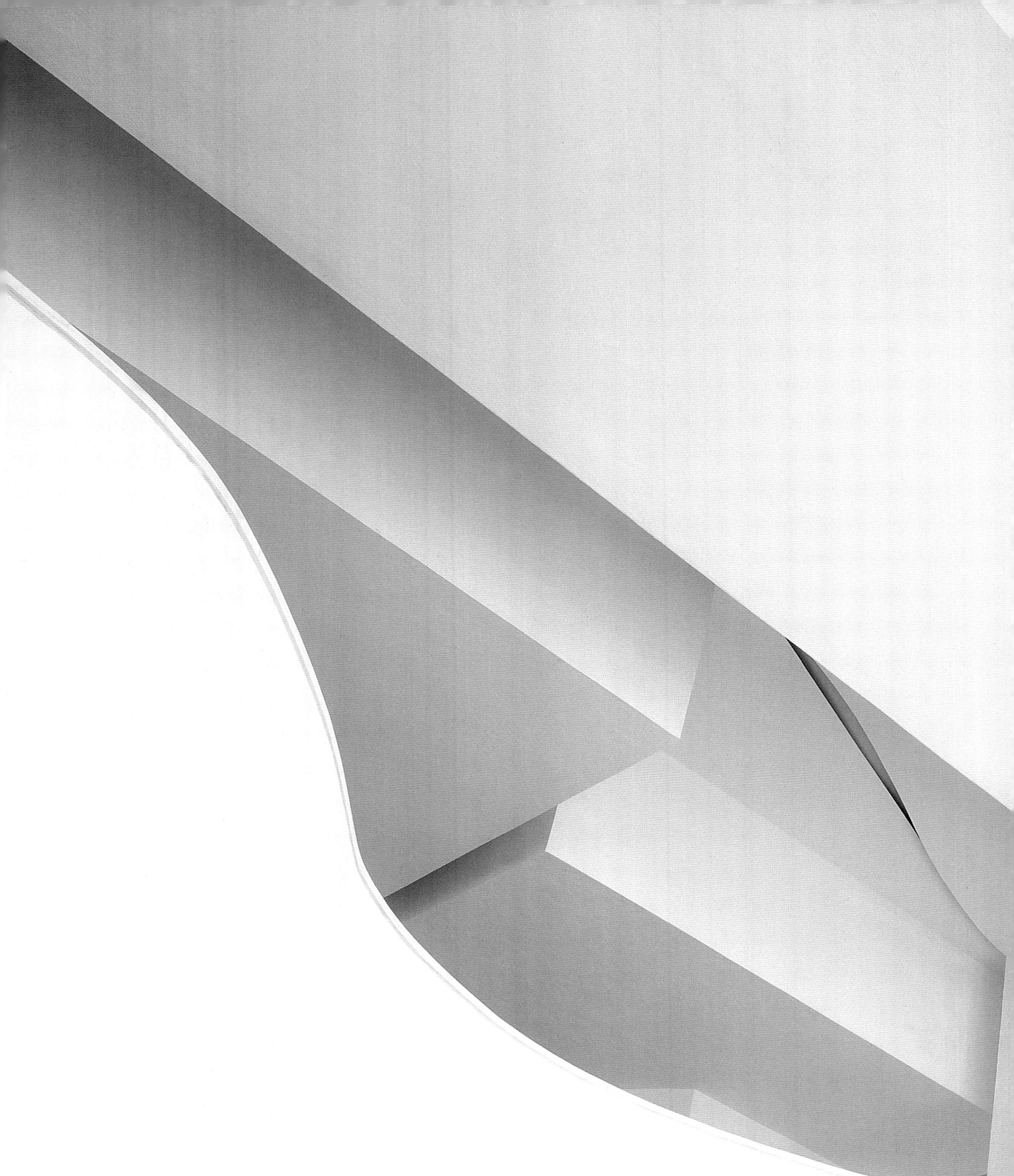

Con respecto al color, he querido buscar otras posibilidades. Luis Barragán logró rescatar el colorido en la arquitectura; éste se exploró al máximo, y a mi parecer se agotó. El color ha sido un gran legado, pero en mi trabajo he querido ir más allá: el color como un accidente lumínico, una manipulación de la luz. Sin lugar a dudas debe estar presente, pero de manera sutil —no como algo obvio y plano—; el color tridimensional, producto de la luz al rebotar sobre una superficie plana.

Regarding color, it has been my desire to seek out new possibilities. Luis Barragán succeeded in recovering color in architecture. It was explored to the hilt: exhaustively, in my opinion. Color has been a great legacy, but in my work I have chosen to go one step further: color as a luminous accident, a manipulation of light. Beyond a doubt it should be present, but in a more subtle fashion —not as something obvious and flat—three-dimensional color, the result of light bouncing off a flat surface.

HOTEL ENCANTO

Hotel Encanto

SUMISIÓN AL ENTORNO
RESPECTING THE ENVIRONMENT

El tema de la entropía o pérdida de energía es uno de los postulados más relevantes en el campo de la ciencia del siglo pasado y del que estamos viviendo.
The subject of entropy or energy loss is one of the most relevant scientific theories of the past and present centuries.

El Hotel Encanto se construyó en Acapulco con pocos recursos, materiales austeros y mano de obra de esa zona.

La edificación trata de guardar la escala humana. En ocasiones estrecha, reducida, en diálogo o contraste con grandes alturas; rincones donde sólo caben dos personas, espacios muy íntimos que cubren y protegen a los huéspedes.

En este hotel todo el tiempo cabe el asombro y no hay manera de no observar cada lugar, no hay forma de distraerse: áreas comunes, espacios privados, todos ellos creados para la concentración y la relajación.

Encanto es también un gran laberinto cuyas salidas se abren y rematan en el océano. Es un juego donde todo fue creado para generar una continua pulsión por el mar; para hacer que quienes lo habiten, busquen y encuentren la salida, lleguen siempre a él con la mirada, lo atrapen.

The Encanto Hotel was built in Acapulco with few resources, economic materials, and local labor.

The building tries to retain a human scale. Occasionally narrow, even small compared to or in contrast with its great heights; it has corners where only two people fit, intimate spaces that shelter and protect its guests.

In this hotel, the potential for amazement is constant. One cannot help but observe each place, there is no room for distraction: common areas, private spaces, all designed for concentration and relaxation.

Encanto is also a great labyrinth whose exits open out onto and are completed by the ocean. Everything was playfully created to generate continual momentum from the sea, to compel those staying there to seek and find a way out, arriving at it always and capturing it with their gazes.

La obra arquitectónica siempre es mejor cuando predomina la economía y se transmite el mayor contenido con el menor número de materiales. Decir más, con menos: nada más ecológico y sustentable que eso.

La parte física es la medible y la parte subjetiva se ocupa de la parte espiritual, no tangible. Las dos tienen la misma relevancia y debe lograrse su sintonía. Un arquitecto que sólo atiende a la parte emocional, vuelve su obra una especie de escultura, y esto tiene más que ver con un ejercicio plástico. Es muy tentador para cualquier arquitecto sentirse artista, pero más bien somos ese híbrido que tiene que aterrizar, tomar en cuenta los requerimientos específicos de quienes van a habitar el espacio que creamos; y con esto me refiero concretamente a necesidades espirituales, físicas y económicas. Sin esos valores, la arquitectura fácilmente se diluye.

Eficiencia en el uso los materiales, aprovechamiento de todos los recursos, materiales pertinentes a una construcción, es la parte cuantificable, objetiva, que no puede perderse de vista, por más creativa o por más artística que quiera ser la arquitectura.

Architectural works are always better off when economization prevails and the greatest possible content is conveyed with the least amount of material. To say more while using less: nothing could be more environmental or sustainable.

The physical side is measurable, while the subjective element takes charge of the spiritual, intangible side. Both have the same relevance and must be successfully harmonized. An architect who attends only to the emotional side makes his work into a kind of sculpture, something more akin to an artistic venture. It is very tempting for architects to feel as if we were artists, but we are in fact a hybrid that must be well grounded, that must take into account the specific needs of those who will inhabit the spaces we create. And by this I am referring to their spiritual, physical, and economic needs. Without these values, architecture is too easily diminished.

Efficient use of materials, availing oneself of all the resources that belong to a construction; this is a quantifiable, objective side that we cannot lose sight of, no matter how creative or artistic we want our architecture to be.

El tema de la entropía o pérdida de energía es uno de los postulados más relevantes en el campo de la ciencia del siglo pasado y del que estamos viviendo. El principio de incertidumbre de Heisenberg tiene mucho que ver con este tema: el crecimiento sin control, que genera caos y pérdida de energía. Esos conceptos están indisolublemente unidos a la actividad arquitectónica.

El "más con menos" no sólo se refiere a una reducción en el número de materiales, sino a una actitud congruente con el medio ambiente que te rodea. Esto se refleja al tomarse en cuenta diversos factores, como la orientación del lugar para lograr la iluminación y temperatura adecuadas, el árbol que había en el sitio y que habrá de considerarse, la topografía del terreno, los materiales de la zona y la mano de obra local. Todo se une y conduce a resultados que logran

The subject of entropy or energy loss is one of the most relevant scientific theories of the past and present centuries. Heisenberg's principle of uncertainty has a lot to do with this: uncontrolled growth generates chaos and loss of energy. These concepts form part and parcel of all architectural endeavors.

The "more from less" concept refers not only to a reduction in the quantity of materials, but also an attitude congruent with the surrounding environment. This is reflected by taking into account various factors, such as orientation to achieve adequate illumination and temperature, or a tree found on site that must be taken into consideration, or the topography of the property, or materials from the zone and local labor. All of which put together can lead to results that achieve energy conservation and evident economic gain.

la conservación de energía y un evidente beneficio económico.

La mano de obra en México sigue siendo accesible en comparación con otros países. Los procesos constructivos en buena medida siguen teniendo un carácter artesanal, si los comparas con los de países más industrializados. En México persiste la albañilería, un trabajo de gran tradición.

Todos los procesos culturales están ligados a los económicos y en la arquitectura esto es muy claro. Mucho de la obra que realizo se orienta en ese sentido. Conceptos tales como muro, artesanía, manufactura, están muy unidos a mi trabajo.

Labor in Mexico continues to be accessible in comparison to that of other countries. Construction processes for the most part continue to have a handcrafted feel when compared to those of more industrialized nations. In Mexico, masonry persists as a long-standing profession.

All cultural processes are linked to economics, and architecture is no exception. Much of the work I do is headed in that direction. Concepts such as walls, craftsmanship, and manufacture are very much akin to my work.

Si bien la arquitectura moderna ha logrado el diseño de estructuras cada vez más complejas, resistentes y duraderas, también se ha desvinculado casi por completo de la naturaleza, pues los constructores de los grandes centros urbanos priorizaron el patrimonio de lo artificial por encima del entorno natural.

En respuesta a esto, en la actualidad muchos profesionales de la arquitectura y la construcción dirigen su atención hacia los sistemas y materiales constructivos propios del lugar y, dependiendo del sitio, buscan soluciones arquitectónicas que además de eficientes y funcionales tomen en cuenta el entorno.

While modern architecture has achieved the ability to design increasingly complex, resistant, and lasting structures, it has also disassociated itself almost entirely from nature, given that the builders of great urban centers have privileged artificial heritage over the natural environment.

In response, today many professionals in architecture and construction have focused their attention on construction materials and systems that are traditional locally. Depending on the site, they seek out architectural solutions that, in addition to being efficient and functional, take their surroundings into account.

Mi intención ha sido construir cajas de luz, espacios habitables donde la vida diaria resulte amable. Esto no tiene que ver con valores agregados, sino con eficiencia. La elegancia nace de la sensibilidad hacia el entorno, de una arquitectura integrada a su ambiente. El desorden visual, existencial incluso, el caos que tan a menudo padecemos, nace de la desintegración. La posibilidad de generar soluciones acordes con lo que hay y te rodea hace que tu arquitectura funcione y se conforme como parte de un todo. Creo que el arquitecto debe ser un sumiso del entorno.

It has been my intention to build boxes of light, inhabitable spaces where daily life can become more amenable. This has nothing to do with added value, but rather with efficiency. Elegance is born out of sensitivity to one's surroundings, that is to say, an architecture that is integrated with its environment. Visual or even existential disorder, the chaos that we so often suffer, is born out of disintegration. The possibility of generating solutions in keeping with what is there and what surrounds you makes your architecture work, because it comprises a part of the whole. I believe that architects should always be mindful of the environment.

Encanto es también un gran laberinto cuyas salidas se abren y rematan en el océano. Es un juego donde todo fue creado para generar una continua pulsión por el mar; para hacer que quienes lo habiten, busquen y encuentren la salida, lleguen siempre a él con la mirada, lo atrapen.

Encanto is also a great labyrinth whose exits open out onto and are completed by the ocean. Everything was playfully created to generate continual momentum from the sea, to compel those staying there to seek and find a way out, arriving at it always and capturing it with their gazes.

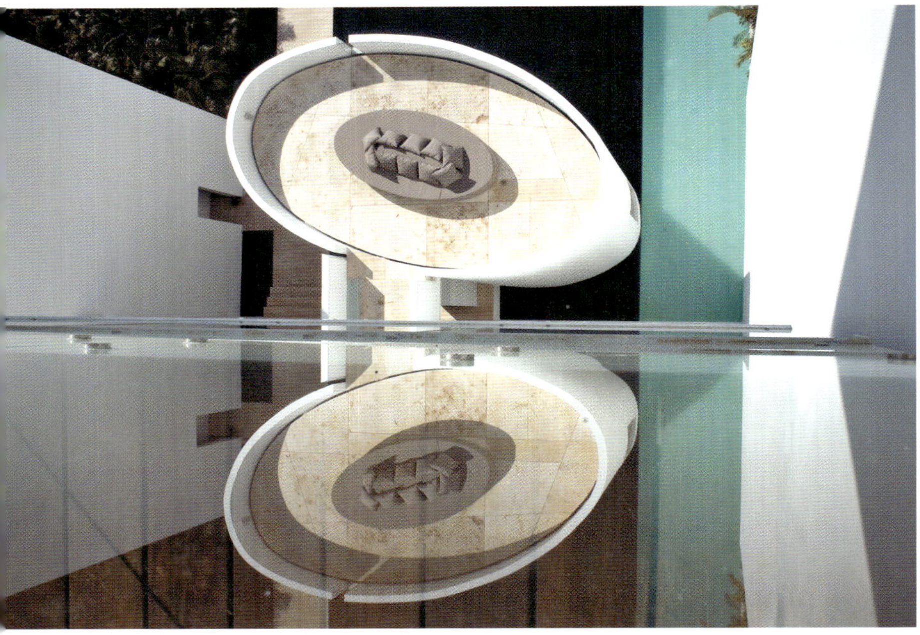

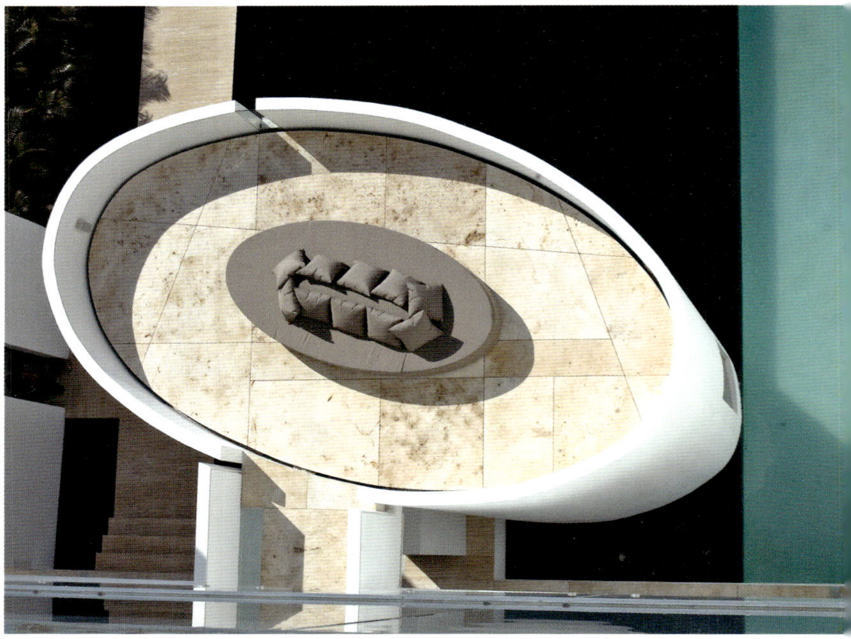

Es muy tentador para cualquier arquitecto sentirse artista, pero más bien somos ese híbrido que tiene que aterrizar, tomar en cuenta los requerimientos específicos de quienes van a habitar el espacio que creamos; y con esto me refiero concretamente a necesidades espirituales, físicas y económicas. Sin esos valores, la arquitectura fácilmente se diluye.

It is very tempting for architects to feel as if we were artists, but we are in fact a hybrid that must be well grounded, that must take into account the specific needs of those who will inhabit the spaces we create. And by this I am referring to their spiritual, physical, and economic needs. Without these values, architecture is too easily diminished.

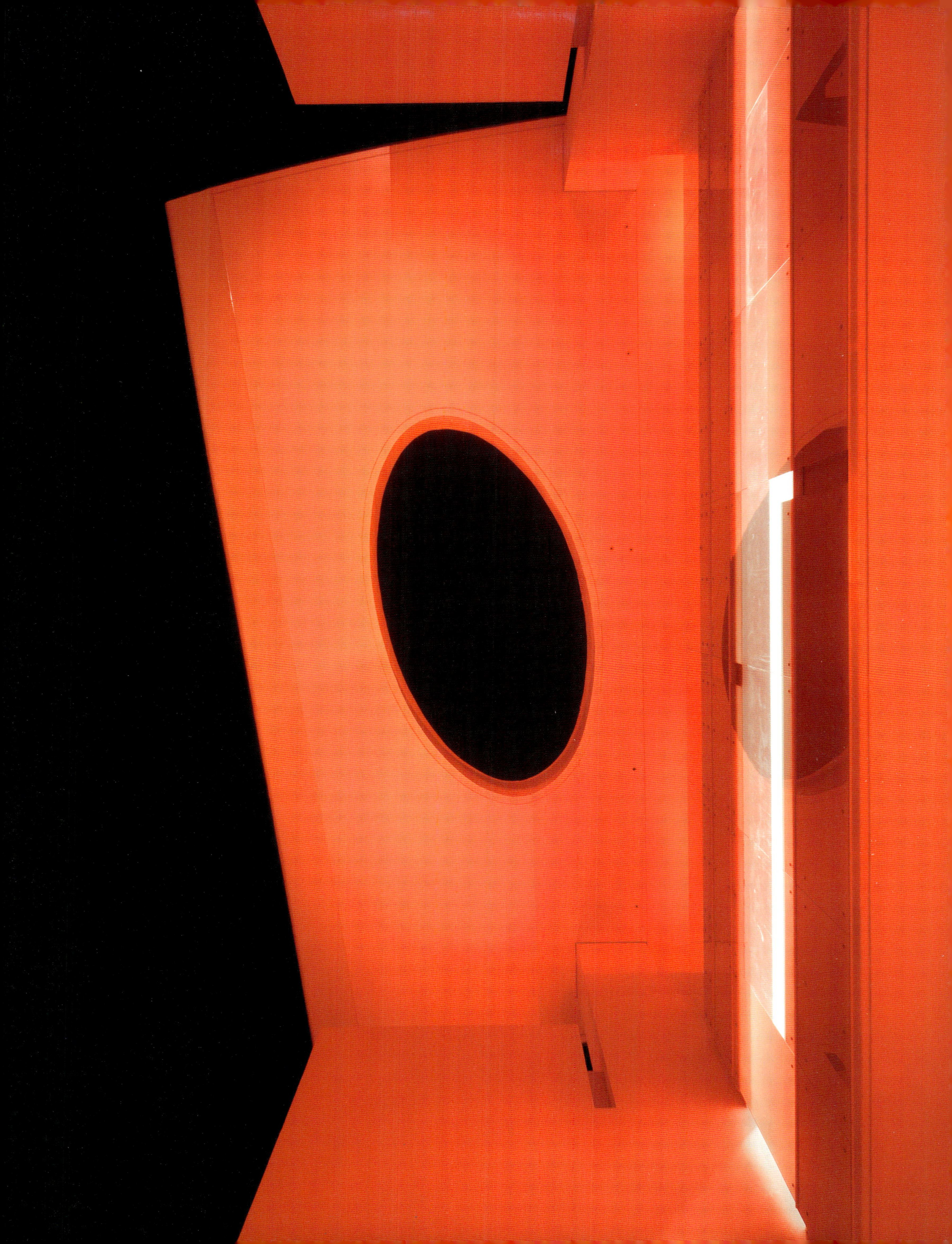

CASA VERDE
CEDROS
BARRA VIEJA
PUERTAS ACAPULCO
MAR ADENTRO

Casa verde
Cedros
Barra vieja
Puertas Acapulco
Mar adentro

EL CEREBRO DE LA CASA
THE BRAIN OF THE HOUSE

Me encuentro en un proceso intelectual parecido al que hizo posible que la carreta se convirtiera en coche, en lograr que habitemos un espacio reducido, pero con todo lo necesario.

I find myself following an intellectual process similar to that which made it possible for the carriage to become a car, by ensuring that we inhabit a space with everything we need.

¿Cuántos metros de tubo, cuántos codos para que llegue agua caliente a una regadera?, ¿cuántos metros lineales de cable tienen que usarse para que prenda un foco en algún lugar de la casa?

Cuando digo que la casa dejó de ser eficiente, me refiero a una especie de parálisis en su evolución, pues no se ha encontrado un método viable para lograr que un espacio habitable se fabrique, pueda reproducirse y sea puesto en su sitio, ocupando el mínimo de espacio. No se ha diseñado aún la manera de mover el objeto llamado "casa" de un punto "A" a un punto "B".

Como concepto arquitectónico, la casa sigue siendo básicamente la misma de hace dos siglos; los edificios se siguen construyendo bajo el mismo criterio que se usó en los años treinta o cuarenta del siglo XX. No han evolucionado.

Éste es, a mi parecer, un gran pendiente de la arquitectura a nivel mundial: el asunto de la casa cuyas partes sean fácilmente desplazables, de la vivienda ocupando un mínimo de espacio y destinada a grandes masas. El tema se ha convertido en un reto para mí como arquitecto, y alude a la parte objetiva, dura, inminentemente práctica de la arquitectura.

Hoy en día estoy concentrado en la eficiencia, en el "cerebro de la casa". A partir de esta preocupación, estoy desarrollando un modelo, una estructura, un prototipo.

How many yards of tubing, how many elbows enable hot water to reach a showerhead, how many linear yards of cable are needed to turn on a light bulb somewhere inside the house?

When I say that the house is no longer efficient, I refer to a kind of paralysis in its evolution, because no viable method has been found to ensure that an inhabitable space can be manufactured, reproduced and put in place while occupying a minimum of space. As yet, no method has been designed to move the object known as "house" from point A to point B.

As an architectural concept, the house has been basically the same for the past two centuries; buildings are still being constructed under the same criteria used in the 1930s or 40s. They have not evolved.

This is, in my view, a pressing issue for architecture worldwide: the notion of a home composed of parts that can be easily displaced, of housing that occupies a minimum of space and is destined for the masses. This subject has become a challenge for me as an architect, as an allusion to that objective, hard, imminently practical side of architecture.

En la actualidad pienso en el espacio habitable a partir del concepto que dio origen a un yate: un espacio muy reducido donde se contempla lo indispensable (60 metros cuadrados con todo lo que tiene que contener una vivienda destinada a una pareja: estancia, habitación, estudio, baño, cocina).

El reto para mí ha sido encontrar el "cómo" lograrlo: los muros deslizables, la estancia como espacio para almacenar, el mueble como elemento fundido a la construcción. Evitar recubrimientos extras, innecesarios.

Reducción de la entropía, muros aislantes, con el principio con que fue creado el termo: mantener la temperatura mediante membranas térmicas para evitar el desperdicio de energía.

Me encuentro en un proceso intelectual parecido al que hizo posible que la carreta se convirtiera en coche, en lograr que habitemos un espacio con todo lo necesario; reducido físicamente, pero que ofrezca la sensación de amplitud.

No es factible trasladar a algún sitio una casa como tal; es además incosteable. El error ha sido querer desplazar espacio, ha sido pensar en mover "la casa", ese objeto lleno de aire, equivalente a un globo inflado.

Lo que busco actualmente es diseñar la forma eficiente y rentable de trasladar los materiales, las partes, y después armarlas en el lugar, unir los elementos.

Today, I am focused on efficiency, on the "brain of the house." Parting from this concern, I am now developing a model, a structure, a prototype.

I imagine an inhabitable space parting from the same concept that gave rise to the yacht: a very small area where only the essentials are contemplated (70 square yards containing everything needed for housing designed for a couple: living room, bedroom, studio, bathroom, kitchen).

The challenge for me has been to find out "how" to achieve this: the sliding walls, the living room as a storage space, furniture as an element built into the construction. Extra, unnecessary finishings are avoided. Entropy is reduced, walls are insulated using the same principle as the thermos: to maintain temperature through thermal membranes that avoid wasted energy.

I find myself following an intellectual process similar to that which made it possible for the carriage to become a car, by ensuring that we inhabit a space with everything we need, one that is physically small but with broad psychological perceptions.

It is hardly feasible to move a house to another location as is, not to mention unaffordable. Our mistake has been to try and displace space, to contemplate moving "the house" itself: an air-filled object equivalent to an inflated balloon.

Aluminio, corian, membranas térmicas..., todo lo que requiere la construcción de un departamento en tan sólo seis metros cúbicos desplazables.

Con base en este nuevo concepto me encuentro realizando un proyecto de departamentos en Acapulco.

Decidí hacerlo en este puerto porque los lugares para vacacionar, específicamente los de playa, se prestan al concepto que quiero lograr. Ahí la gente vive más como le gusta vivir, no como se tiene que vivir. Hay la posibilidad de relajarse, porque finalmente resulta muy claro lo que se requiere para ello. Si esto no fuera cierto, no podría explicarse la razón por la que existen personas capaces de gastar millones de dólares en un yate, cuando el dormitorio es una caja, un espacio destinado exclusivamente para llegar a dormir, sólo creado para eso.

Nos movemos por percepciones y esto es muy claro en el ámbito de la arquitectura; también en el de la música, donde no existe objeto, sino sonidos: la lectura personal de quien escucha.

La casa ha sido gestada por la tierra; nace desde la superficie y emerge, se eleva. Se mimetiza con el verde que la rodea y se inclina hacia su centro, un patio como un gran corazón alrededor del cual se ubican los espacios interiores. Éstos se comunican, dialogan, interactúan; son un solo espacio, un gran cuerpo. Todo respira y late, techado por el manto del cielo poblano. La casa vive.

My current quest is to design an efficient, profitable way to transfer materials and parts, then assemble them on site by putting the elements together. Aluminum, Corian, thermal membranes... everything the construction of an apartment requires in just 7.85 portable cubic yards.

Based on this new concept, I find myself completing an apartment project in Acapulco. I chose this seaport because vacation resorts, specifically beaches, lend themselves to the particular concept I want to achieve. There, people live more as they like, not as they must. There is potential for relaxation because, in the end, the requirements here are very clear. If not, one would never explain why there are people capable of spending millions of dollars on a yacht when the bedroom is a narrow space of tiny dimensions destined exclusively for falling asleep, created solely for that purpose. And yet a tiny space from which you can see the ocean will never give you the sensation of being boxed in.

We are motivated by perception. This is quite clear in the field of architecture and also in music, where there are no objects, only sounds: a personal reading is made by whoever is listening.

The house is gestated by the Earth, born out of its surface, elevated while emerging. It mimics the green surroundings and leans in toward the center, its patios like a great heart around which the interiors are arranged. These interiors are connected, they dialogue, they interact. They are a single space, one great body. Everything breathes and palpitates, sheltered by the mantle of Puebla skies. The house is alive.

SEMBLANZA
PROFILE

MIGUEL ÁNGEL ARAGONÉS

MIGUEL ÁNGEL ARAGONÉS NACIÓ EN LA Ciudad de México, en noviembre de 1962. Arquitecto autodidacta, y ajeno por convicción a círculos, colegios y asociaciones de arquitectos, ha realizado una rica y original obra arquitectónica a lo largo de dos décadas.

Ha sido expositor y conferencista en múltiples universidades de México y el extranjero. En el ámbito internacional, ha sido invitado por el Colegio de Arquitectos Vasco-Navarro, en Bilbao, España; el MoLAA (Museum of Latin American Art), en Long Beach, California; así como por el ERA 2005, Copenhague, Dinamarca, organizado por IFI (International Federation of Interior Designers) y el IDA (Internacional Designers Association). En 2006, la IALD (International Association of Lighting Designers) y la ELDA (European Lighting Designers Association) otorgan a Miguel Ángel Aragonés y Gustavo Avilés un reconocimiento por la iluminación de la casa de Eucaliptos 65.

Ha participado en la Primera Bienal de Arquitectura Internacional, organizada por el Conaculta y el Instituto Nacional de Bellas Artes, así como en la Tercera Bienal de Arquitectura, Museo Nacional de San Carlos, en la que fue reconocido por veinte años de trayectoria.

Durante 2002 y 2003 impartió cursos de posgrado en la Universidad Anáhuac, motivo por el que fue merecedor del premio a la excelencia académica por dicha institución.

La monografía publicada por L'Arca sobre el trabajo de Aragonés, se distribuye en Francia, Alemania, Italia, Noruega, Inglaterra, Estados Unidos y China, entre otros países.

MIGUEL ÁNGEL ARAGONÉS WAS BORN IN Mexico City in November 1962. A self-trained architect, alien by conviction to circles, schools, and architectural associations, he has executed a rich, abundant body of architectural work over the course of two decades.

He has been a speaker and lecturer at a number of universities in Mexico and abroad. In the international sphere, he has been invited by the Colegio de Arquitectos Vasco-Navarro, in Bilbao, Spain; to the MoLAA (Museum of Latin American Art), in Long Beach, California; as well as by the era 2005, Copenhagen, Denmark, organized by the IFI (International Federation of Interior Architects/Designers) and the IDA (International Designers Association). In 2006, the IALD (International Association of Lighting Designers) and the ELDA (European Lighting Designers Association) recognized Miguel Ángel Aragonés and Gustavo Avilés for the illumination used in the house at 65 Eucaliptos, Mexico City.

He has participated in the First International Architecture Biennial organized by Conaculta and the Instituto Nacional de Bellas Artes (Mexican culture and fine arts agencies, respectively), as well as in the San Carlos National Museum Third Architecture Biennial, in which he was honored for his twenty-year career.

In 2002 and 2003 he taught graduate courses at the Universidad Anáhuac, for which he received the prize for academic excellence from that institution.

The monograph published by L'Arca on Aragonés's work has been distributed in France, Germany, Italy, Norway, England, the United States and China, among other countries.

TECAS 43

TECAS 43

Ubicación • Location:	Ciudad de México • Mexico City
Fecha • Date:	2006
Área • Area:	1 550 m^2
Proyecto • Plan:	Miguel Ángel Aragonés
Colaboradores • Collaborators:	Juan Carlos Vidaña, Carlos Salinas, Ricardo Díaz, Claudia Rodríguez
Obra plástica • Art Works:	Xawery Wolski, Fernando Bermejo
Fotografía • Photography:	Nicola Lorusso, Joe Fletcher, MAA

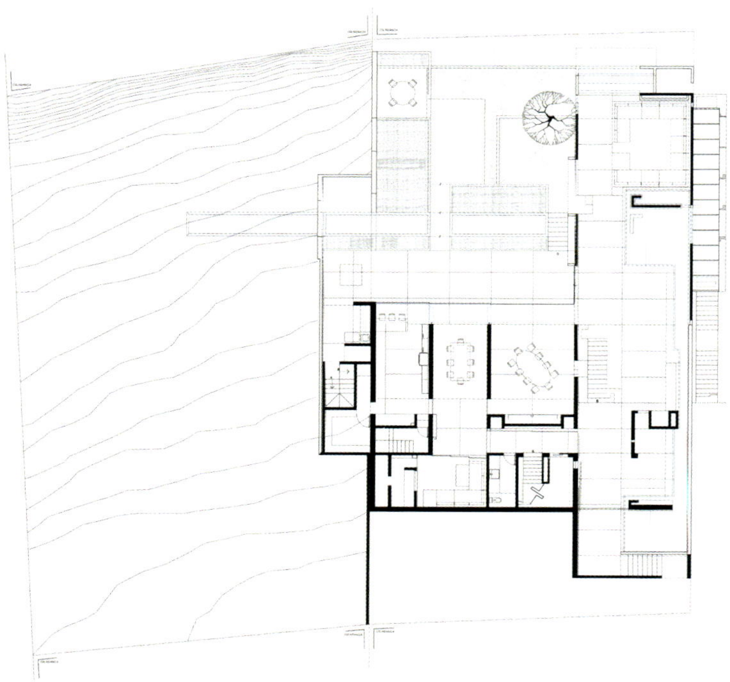

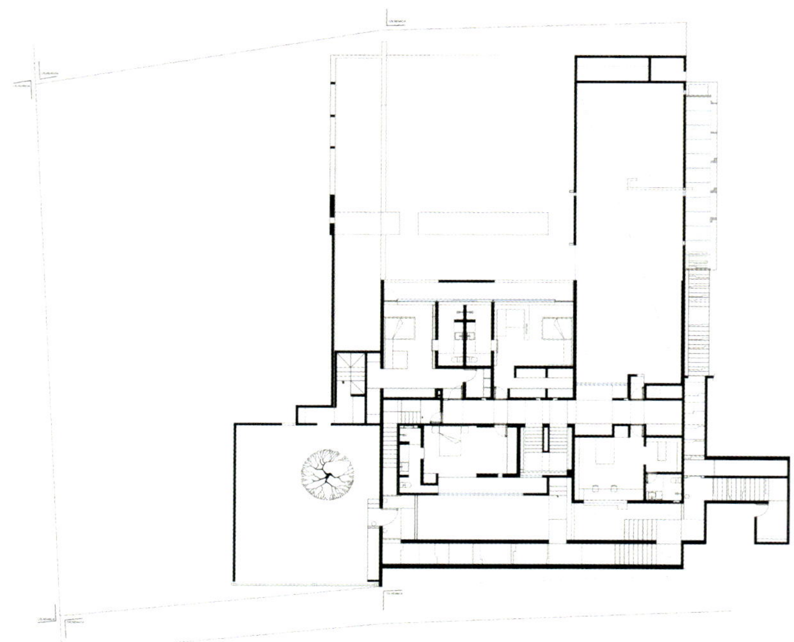

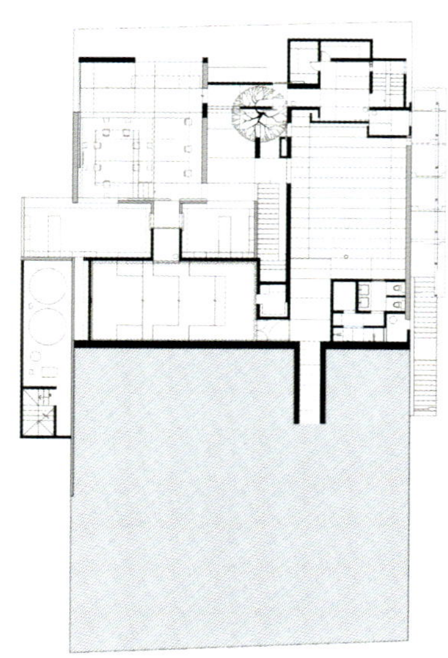

CUBOS
CUBOS

Ubicación • Location:	Ciudad de México • Mexico City
Fecha • Date:	2005
Área • Area:	682 m²
Proyecto • Plan:	Miguel Ángel Aragonés
Colaboradores • Collaborators:	Juan Carlos Vidaña, Carlos Salinas, Peter Ivanov
Obra plástica • Art Works:	Xawery Wolski
Iluminación • Lighting:	Gustavo Avilés, MAA
Fotografía • Photography:	Nicola Lorusso, MAA

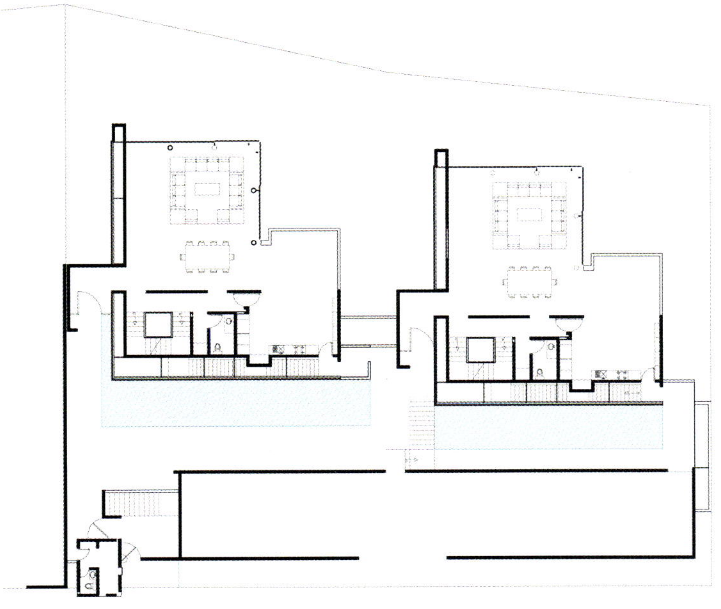
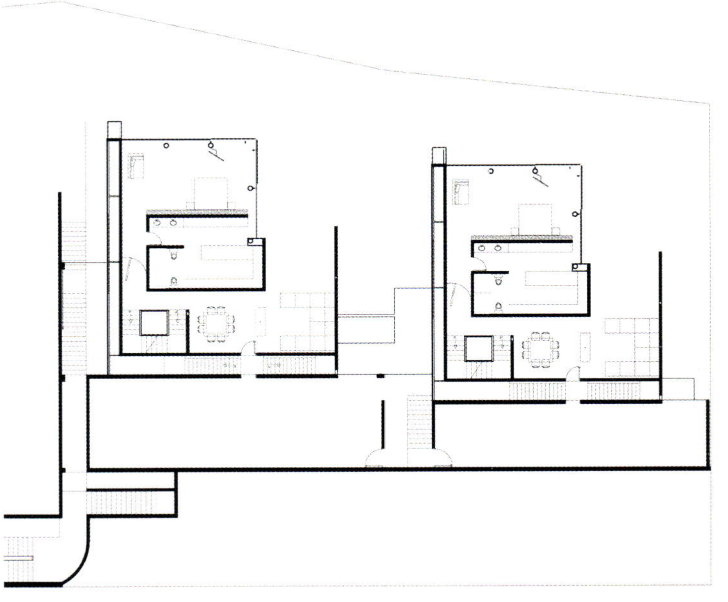
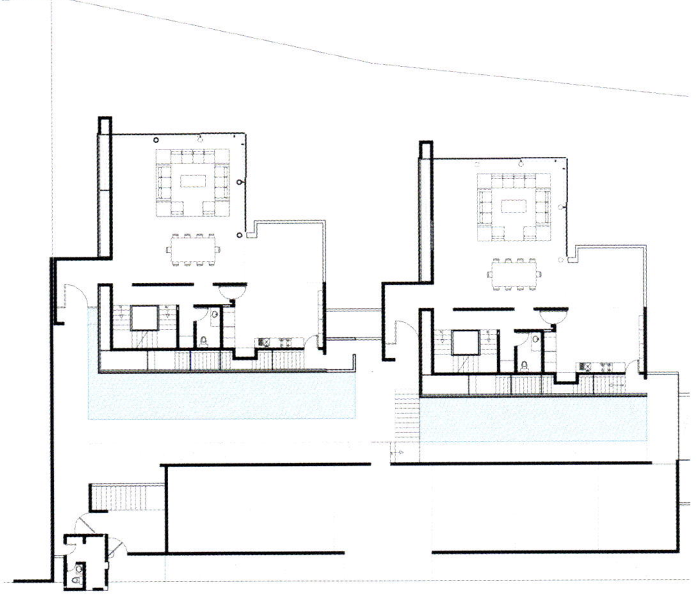
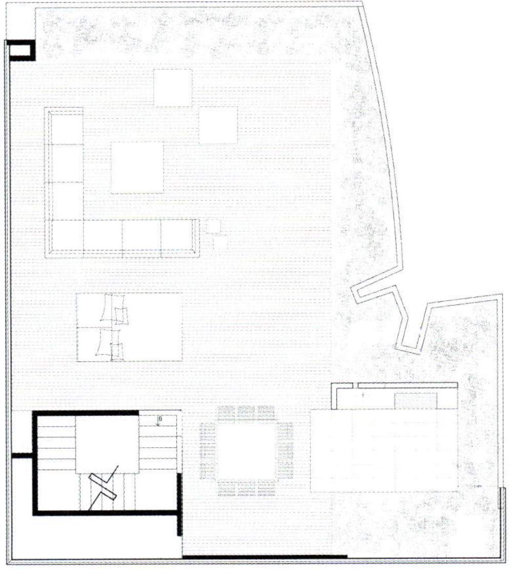

LA VISTA

LA VISTA

Ubicación • Location:	Fraccionamiento La Vista Country Club, San Andrés Cholula, Puebla • Puebla, Mexico
Fecha • Date:	2010
Área • Area:	13 000 m²
Proyecto • Plan:	Miguel Ángel Aragonés
Colaboradores • Collaborators:	Ricardo Díaz, Emmanuel Zamora, Roberto Gutiérrez, José Manuel Guerrero
Obra plástica • Art Works:	Fernando Bermejo, Jan Hendrix, Miguel Castro Leñero, Xawery Wolski
Fotografía • Photography:	Nicola Lorusso

EUCALIPTOS 77

EUCALIPTOS 77

Ubicación • Location:	Ciudad de México • Mexico City
Fecha • Date:	2001
Área • Area:	1 422 m²
Proyecto • Plan:	Miguel Ángel Aragonés
Colaboradores • Collaborators:	Juan C. León, Carlos Salinas, Rolando Vázquez
Obra plástica • Art Works:	Xawery Wolski
Fotografía • Photography:	Nicola Lorusso

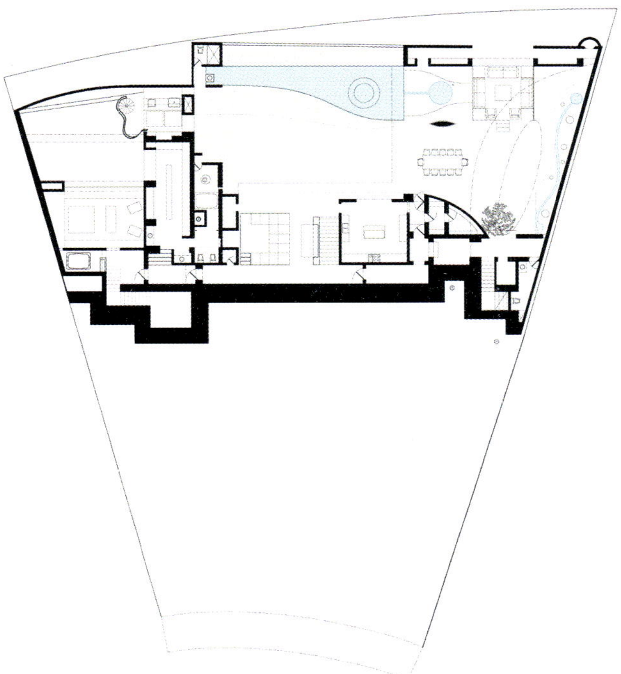

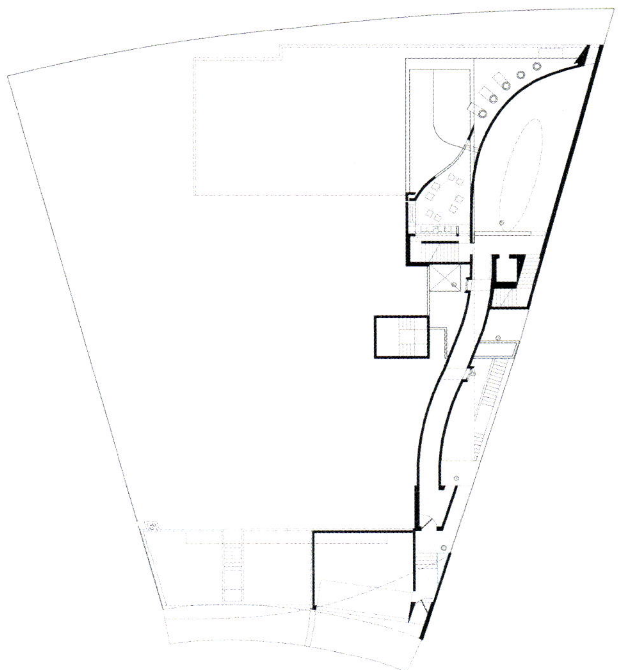

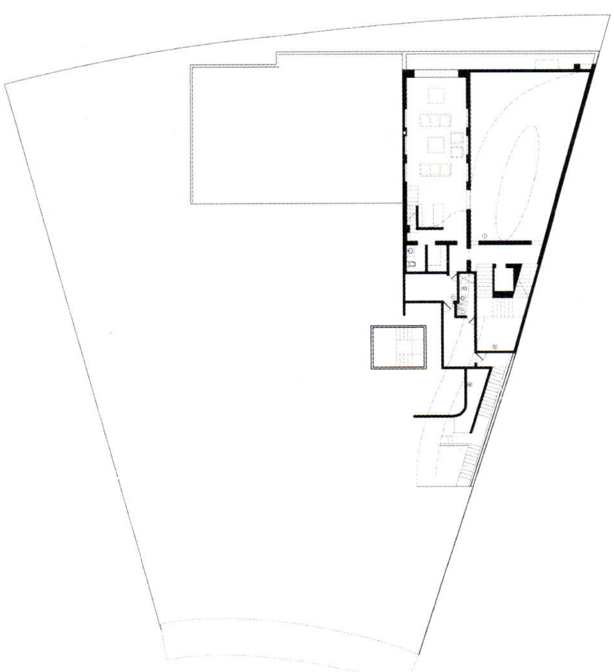

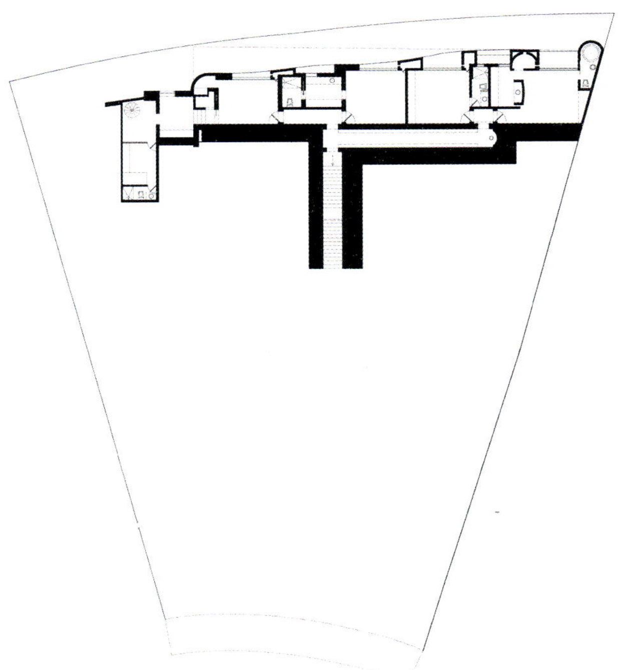

PEDREGAL
PEDREGAL

Ubicación • Location:	Lomas del Pedregal, Punto de Venta, Ciudad de México • Mexico City
Fecha • Date:	2005-2006
Área • Area:	1 769 m²
Proyecto • Plan:	Miguel Ángel Aragonés, Ricardo Díaz
Colaboradores • Collaborators:	Claudia Rodríguez, Iván Contreras, José Torres, Óscar Vélez
Iluminación • Lighting:	MAA
Fotografía • Photography:	Nicola Lorusso

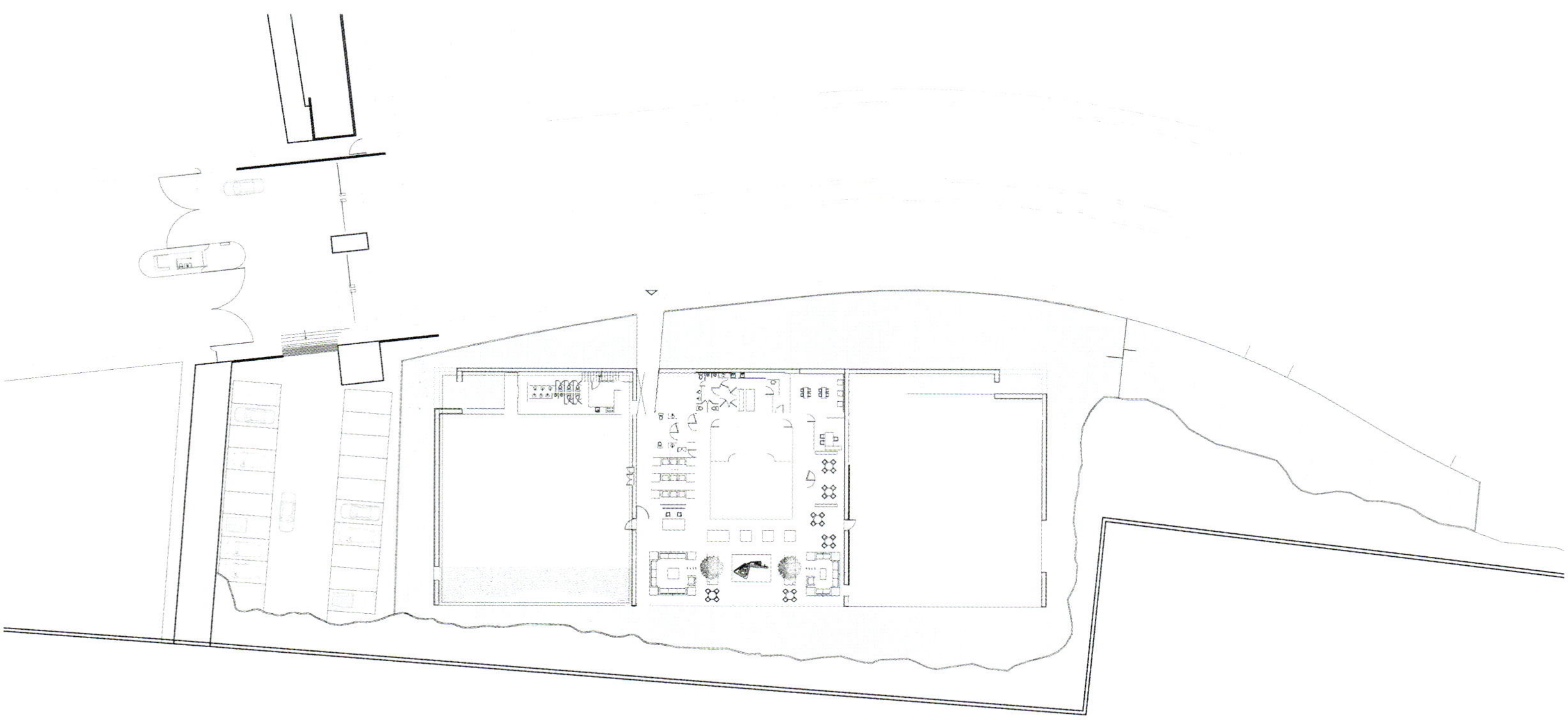

LAURELES

LAURELES

Ubicación • Location:	Ciudad de México • Mexico City
Fecha • Date:	1999
Área • Area:	1 090 m^2
Proyecto • Plan:	Miguel Ángel Aragonés
Colaboradores • Collaborators:	Juan C. León, Carlos Salinas
Obra plástica • Art Works:	Roberto Cortázar, Rafael Cauduro, Gunther Gerzso, Mercedes Gertz
Fotografía • Photography:	Víctor Benítez

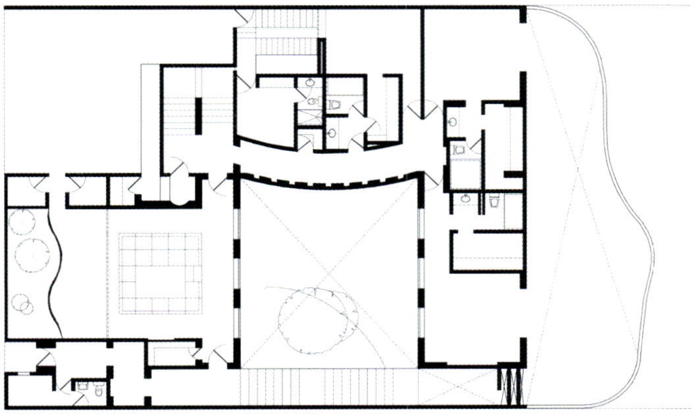

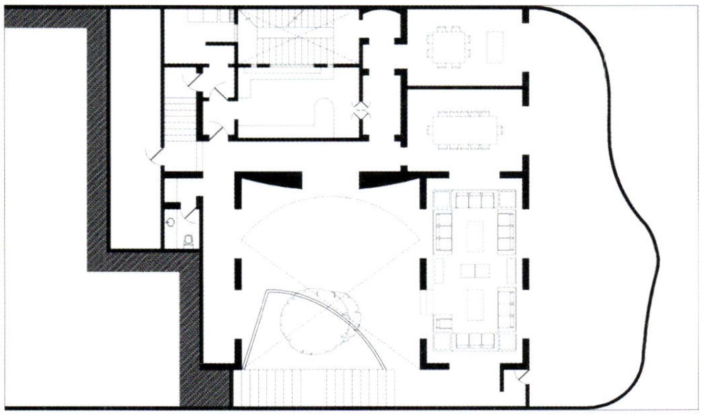

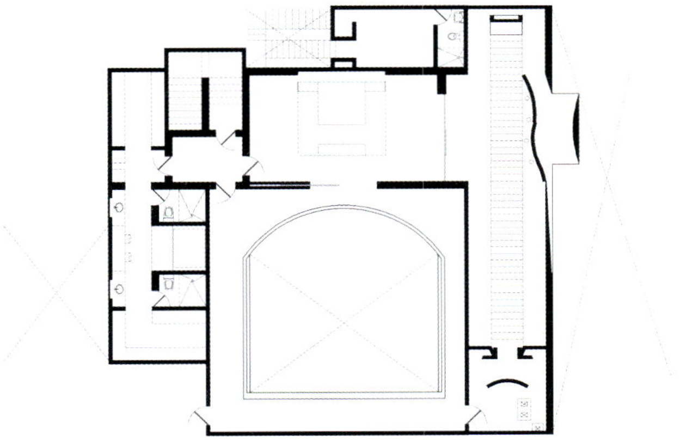

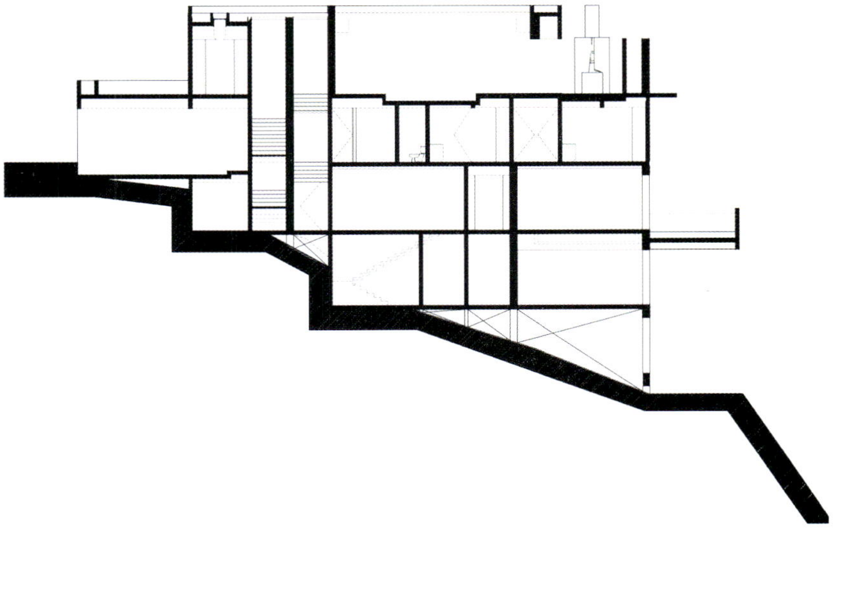

EUCALIPTOS 65

EUCALIPTOS 65

Ubicación • Location: Ciudad de México • Mexico City
Fecha • Date: 2004
Área • Area: 1 661 m²
Proyecto • Plan: Miguel Ángel Aragonés
Colaboradores • Collaborators: Ricardo Cabrera, Daniel Mendiola
Obra plástica • Art Works: Jan Hendrix, Xawery Wolski, Claudia Gallegos, Gustavo Pérez, Ignacio van Aersen
Iluminación • Lighting: Gustavo Avilés, MAA
Fotografía • Photography: Nicola Lorusso

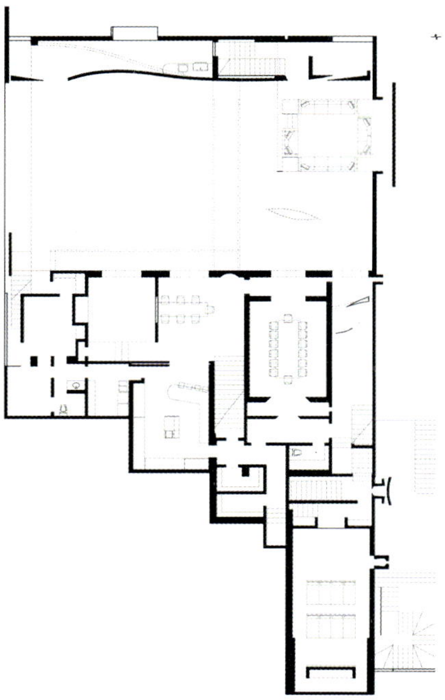

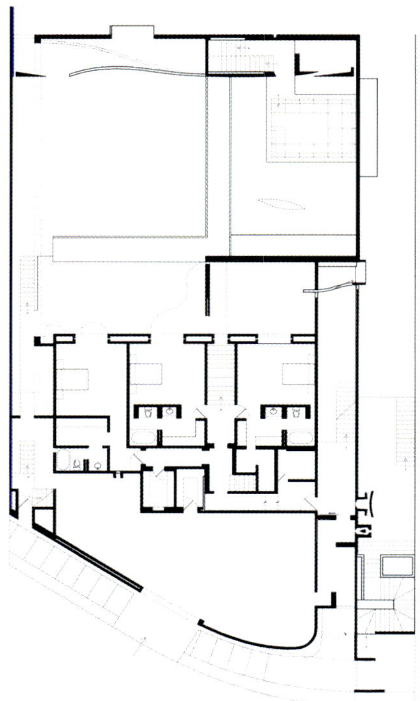

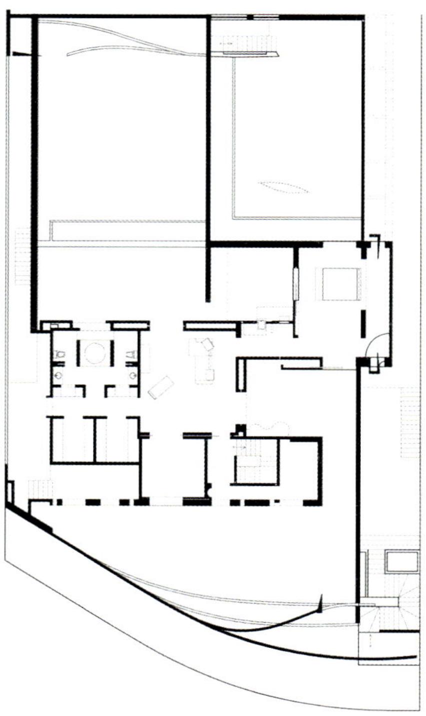

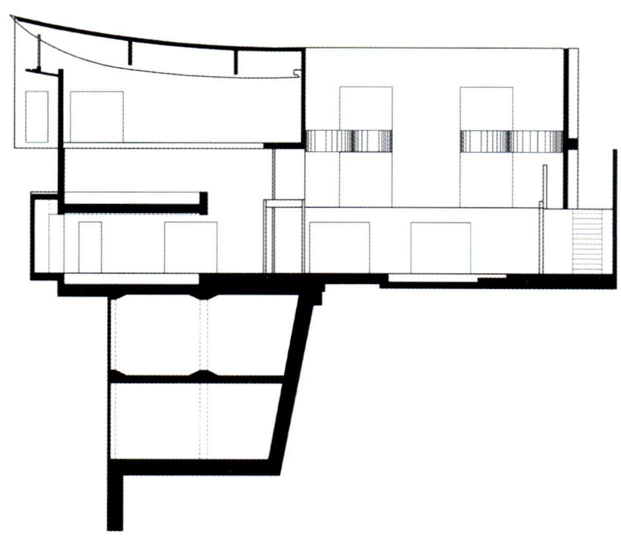

ESTUDIO
STUDIO

Ubicación • Location:	Ciudad de México • Mexico City
Fecha • Date:	2004
Área • Area:	1 661 m²
Proyecto • Plan:	Miguel Ángel Aragonés
Colaboradores • Collaborators:	Ricardo Cabrera, Daniel Mendiola
Iluminación • Lighting:	MAA
Fotografía • Photography:	Nicola Lorusso, MAA

CUMBRES SANTA FE

CUMBRES SANTA FE

Ubicación • Location:	Fraccionamiento Cumbres de Santa Fe, Puebla • Puebla, Mexico
Fecha • Date:	2009
Área • Area:	700 m²
Proyecto • Plan:	Miguel Ángel Aragonés
Colaboradores • Collaborators:	Roberto Gutiérrez, José Torres, Tadeo López
Obra plástica • Art Works:	Xawery Wolski
Fotografía • Photography:	Víctor Benítes, MAA

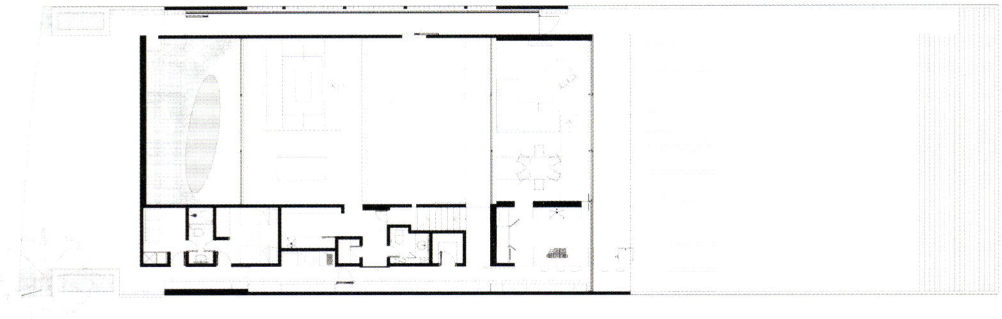

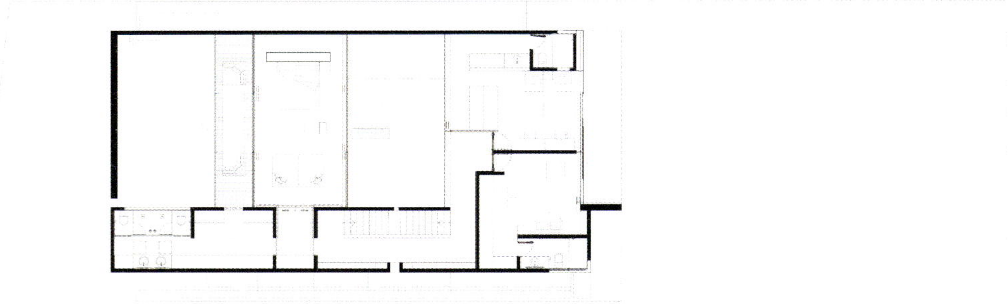

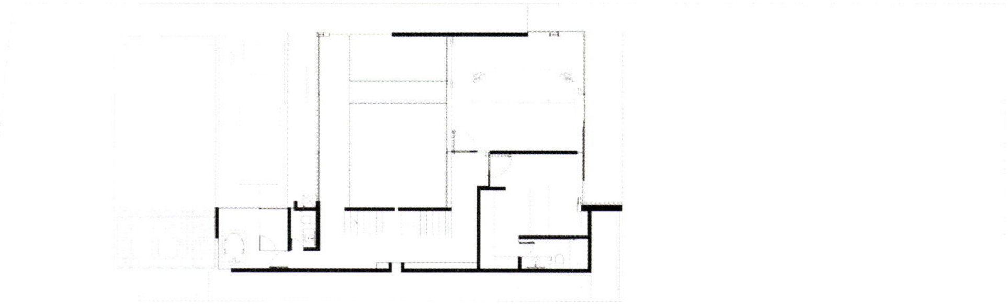

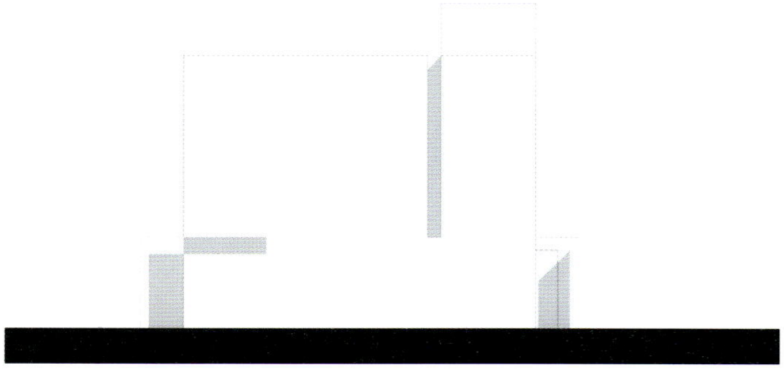

CASA LA PALMA

LA PALMA HOUSE

Ubicación • Location:	Ciudad de México • Mexico City
Fecha • Date:	2001
Área • Area:	1 188 m²
Proyecto • Plan:	Miguel Ángel Aragonés
Colaboradores • Collaborators:	Juan C. León, Carlos Salinas, Rolando Vázquez
Obra plástica • Art Works:	Xawery Wolski
Fotografía • Photography:	Nicola Lorusso

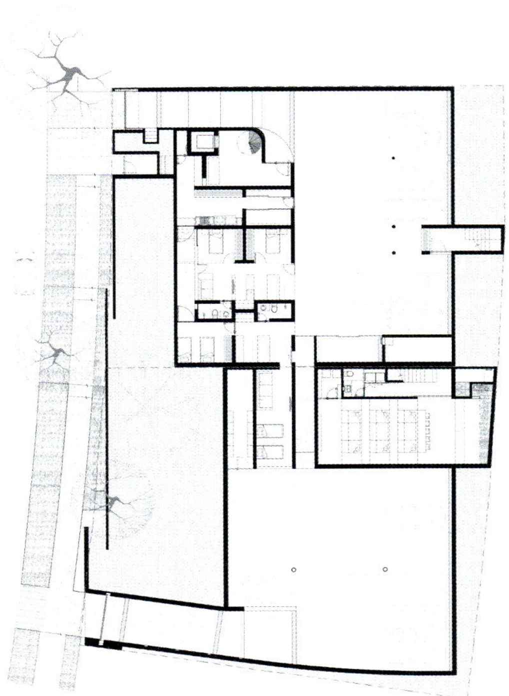

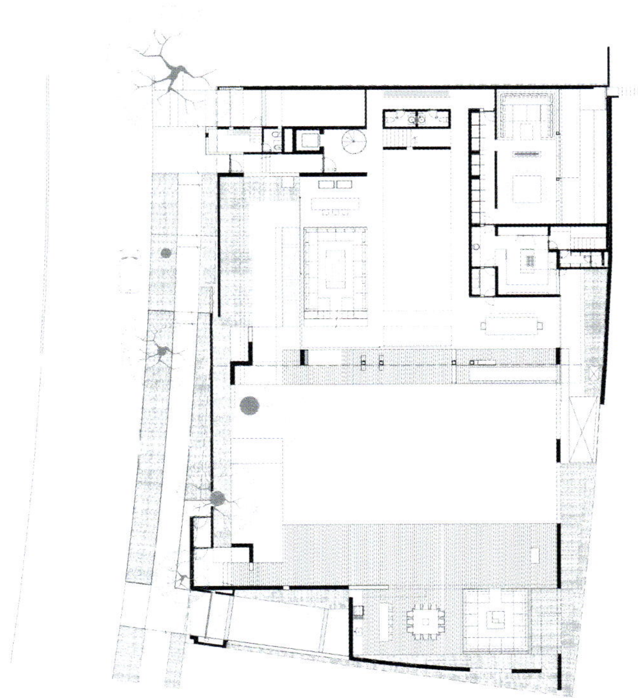

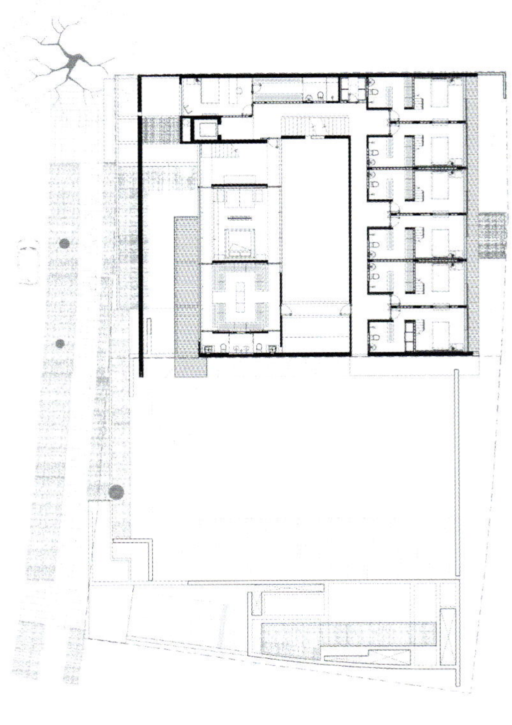

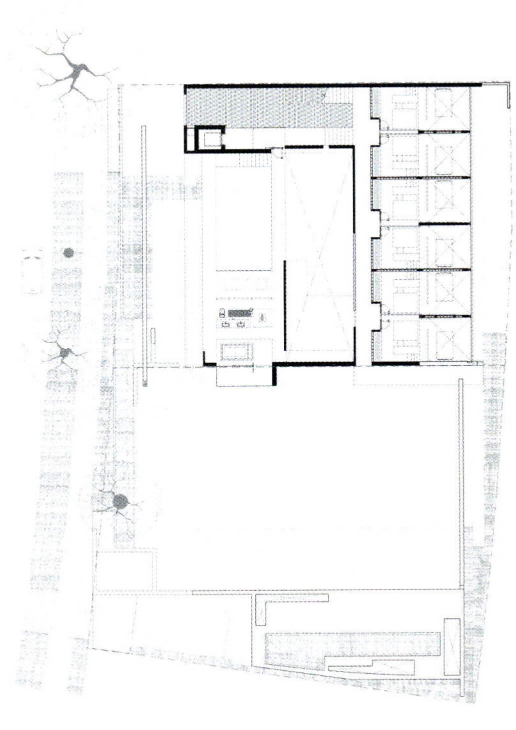

CASA SALOMÓN
SALOMÓN HOUSE

Ubicación • Location:	Fraccionamiento La Vista Country Club, San Andrés Cholula, Puebla • Puebla Mexico
Fecha • Date:	2010
Área • Area:	1 150 m^2
Proyecto • Plan:	Miguel Ángel Aragonés
Colaboradores • Collaborators:	Roberto Gutiérrez, Emmanuel Zamora, Ricardo Díaz
Obra plástica • Art Works:	Fernando Bermejo
Fotografía • Photography:	Niccola Lorusso, MAA

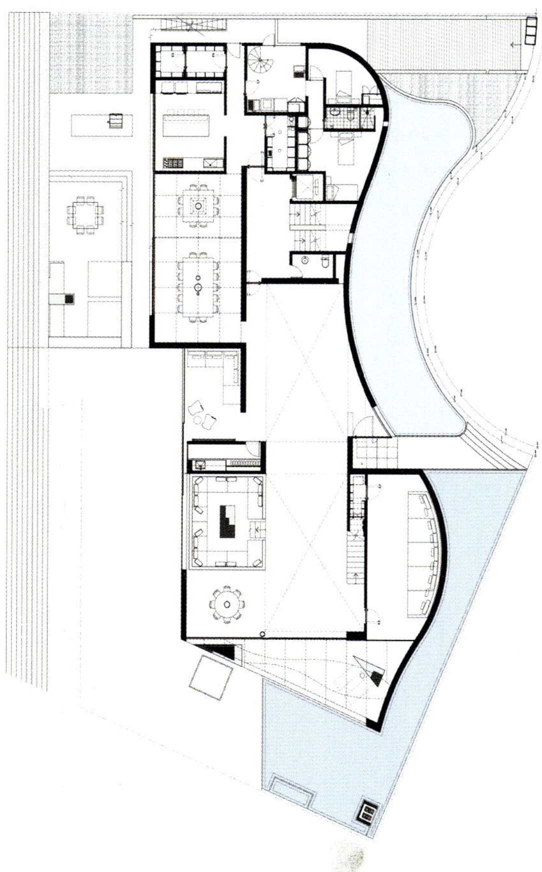

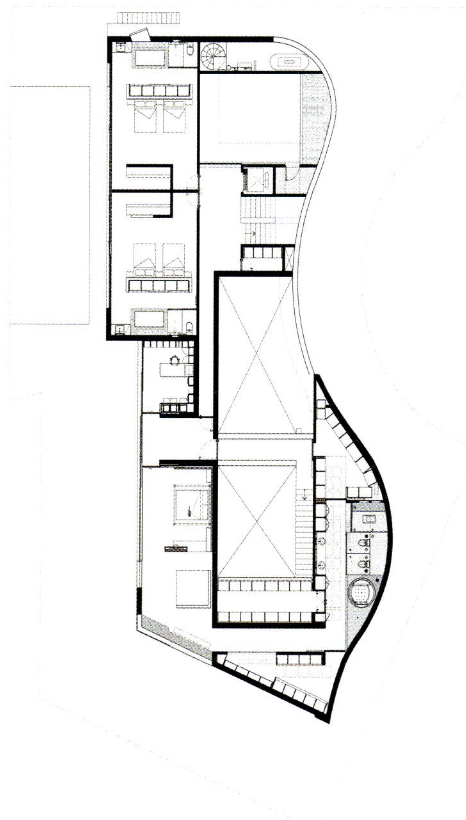

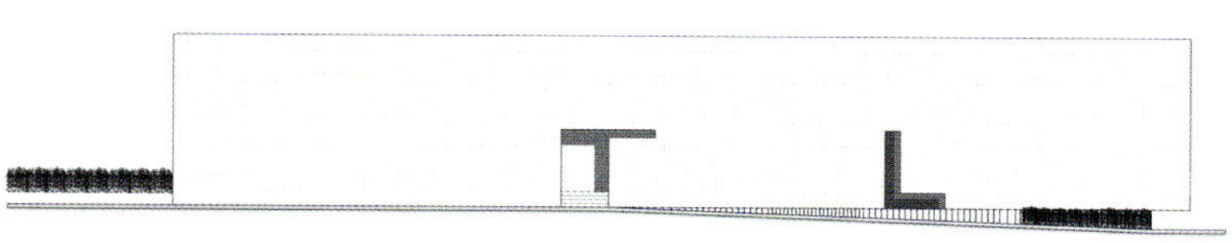

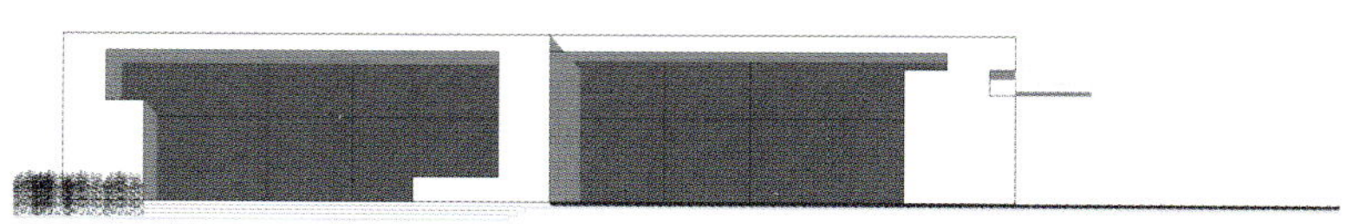

EUCALIPTO 55

EUCALIPTO 55

Ubicación • Location:	Ciudad de México • Mexico City
Fecha • Date:	2005
Área • Area:	1 256 m²
Proyecto • Plan:	Miguel Ángel Aragonés
Colaboradores • Collaborators:	Georgina Amador, Juan C. León, Juan Carlos Calanchini, Gabriel Villalobos
Obra plástica • Art Works:	Xawery Wolski
Iluminación • Lighting:	Gustavo Avilés, MAA
Fotografía • Photography:	Nicola Lorusso

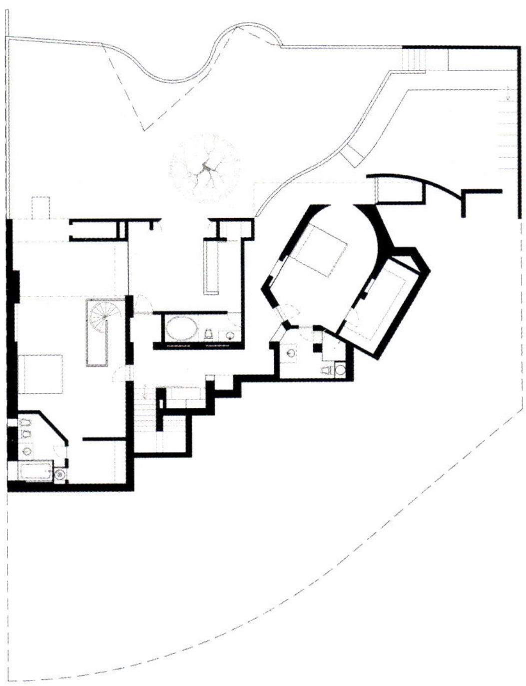

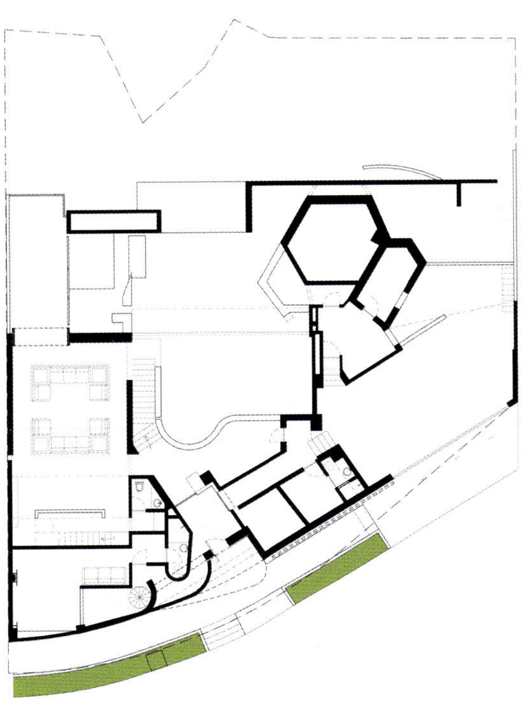

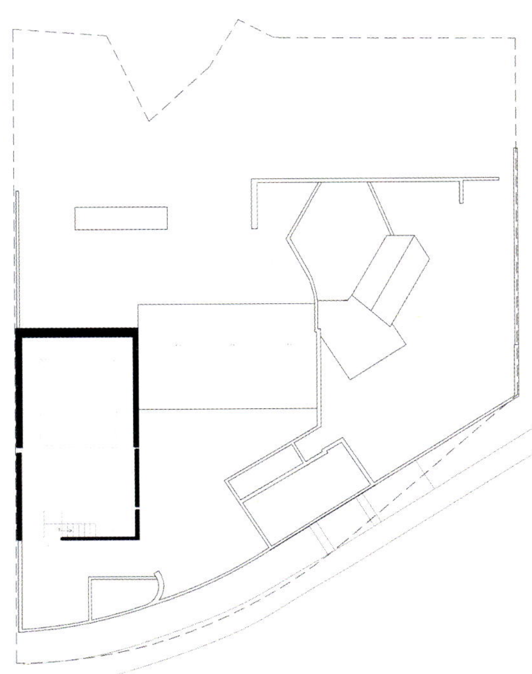

HOTEL ENCANTO
ENCANTO HOTEL

Ubicación • Location:	Las Brisas, Acapulco, Guerrero
	• Las Brisas, Acapulco City, Mexico
Fecha • Date:	2010
Área • Area:	7 500 m²
Proyecto • Plan:	Miguel Ángel Aragonés
Colaboradores • Collaborators:	Ricardo Díaz, Daniel Orozco, José Torres
Fotografía • Photography:	Niccola Lorusso, Joe Fletcher, MAA

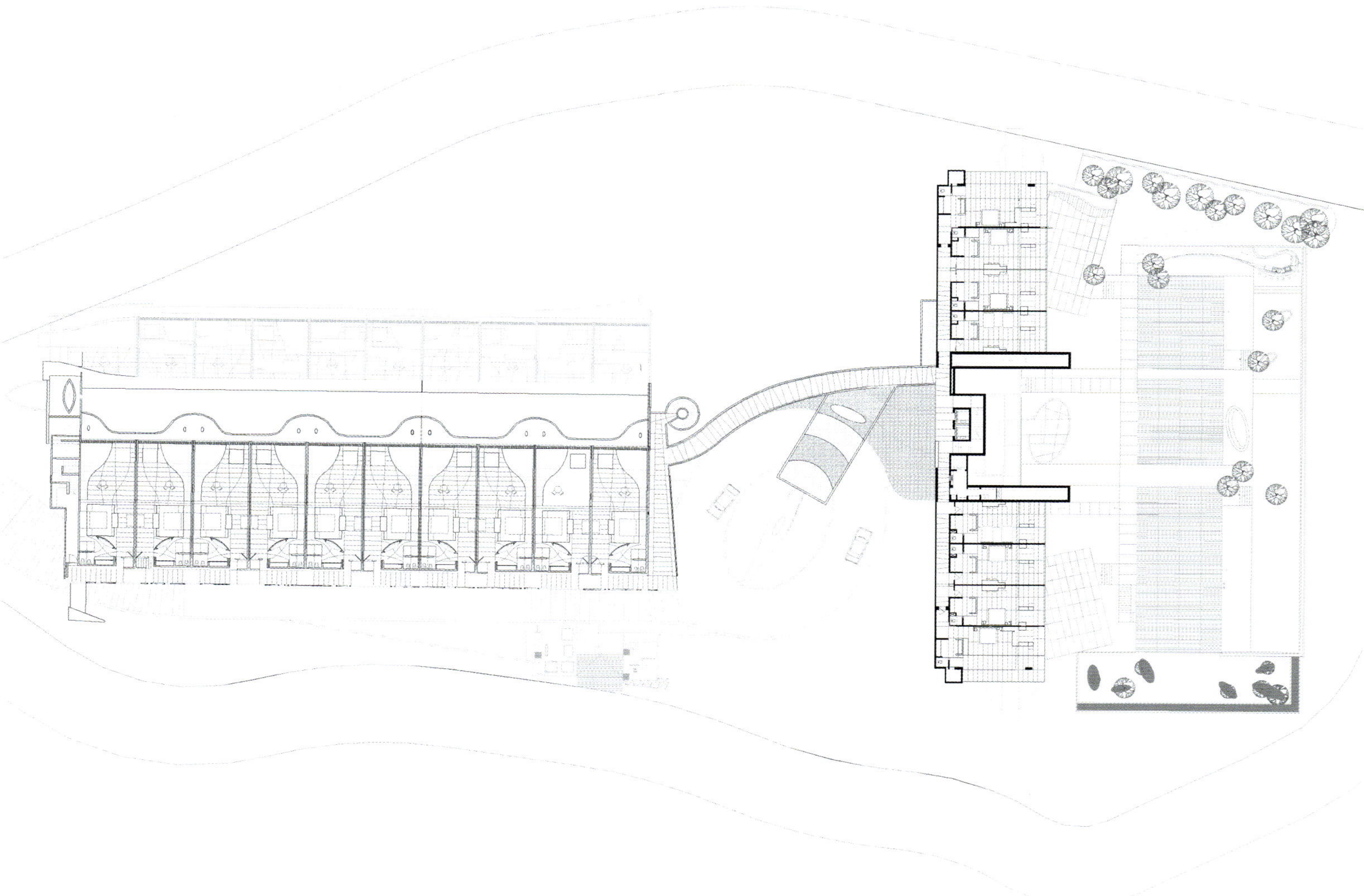

EL CEREBRO DE LA CASA

THE BRAIN OF THE HOUSE

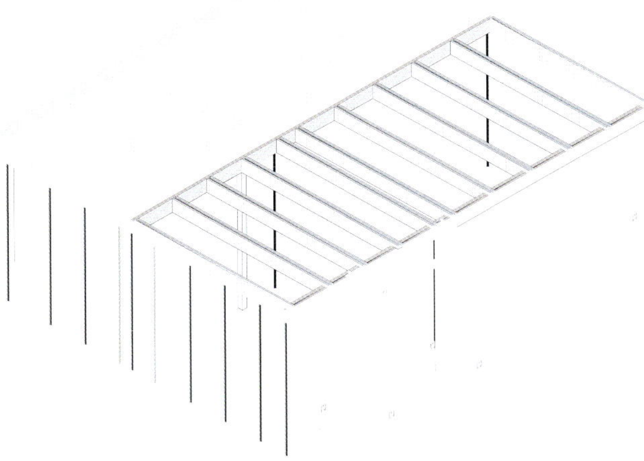

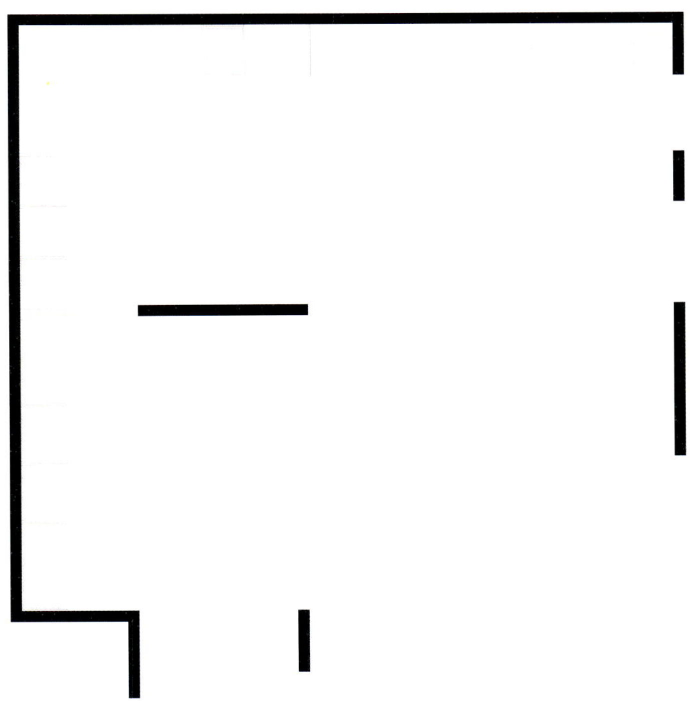

TALLER ARAGONÉS

Miguel Ángel Aragonés

Colaboradores
Juan Carlos Vidaña Luna
José Torres Martínez
Roberto Gutiérrez Tapia
Rafael Aragonés Caballero
Tadeo López Toledano
Emmanuel Zamora Báez
Ana Laura Cortés Mata

Administración
Antonino Trinidad Pérez
José Manuel Guerrero Olivettia

Dirección
Ana Caballero Levy

MIGUEL ÁNGEL ARAGONÉS

se terminó de imprimir en el mes de septiembre de 2012. El cuidado y la supervisión de la impresión estuvieron a cargo de Editorial Rizzoli. La concepción, la coordinación y su producción fueron realizadas por Miguel Ángel Aragonés, Ricardo Salas & Frontespizio y Rosanela Álvarez.

The printing of this volume was completed in September 2012. Rizzoli was in charge of overseeing and supervising the printing. The conception, coordination, and production were carried out by Miguel Ángel Aragonés, Ricardo Salas & Frontespizio and Rosanela Álvarez.